歴史文化ライブラリー

191

黒船がやってきた

幕末の情報ネットワーク

岩田みゆき

吉川弘文館

目次

黒船をめぐる海防と村人　江戸湾を中心に

黒船情報の伝播と対外意識の形成

日本人と異国文化——プロローグ

外来文化の受容

渡来人によってもたらされた文化

ユーラシア大陸に沿い、東北から西南にかけて、やや湾曲して横たわる日本列島は、日本海・玄界灘《げんかいなだ》・東シナ海を挟んで朝鮮半島・中国大陸に接している。朝鮮海峡・対馬《つしま》海峡を介した海の道を通じて、紀元前二世紀ころには日本列島では、中国大陸・朝鮮からの渡来人の移住と活動が活発に行われるようになっていた。

わが国の生産の主要な位置を占めてきた稲作技術は、揚子江《ようすこう》流域に発展し、おそくとも紀元前二、三世紀には朝鮮半島から渡来人によって北九州にもたらされたといわれている。そのころ、中国大陸・朝鮮半島では、すでに鉄器《てっき》や青銅器《せいどうき》をはじめとする金属器の使用が盛んであり、稲作とともに鉄器がもたらされた。また鉄器の普及と稲作技術の向上により力をつけてきた権力者によって、権力の象徴として青銅器など優れた大陸の文物が多くもたらされ、日本においても工人を招いて製造するようになった。縄文時代末期から弥生時代前期に朝鮮半島から機織《はたおり》の技術も伝えられた。北九州から西日本、さらに関東地方に波及した弥生文化の成立である。

さらに四世紀から五世紀、古墳時代中期から後期にかけて、朝鮮から渡来した人々によって武器・武具や農具類などの金属器の鋳造《ちゅうぞう》技術、新たな土器製作、機織技術などがもたらされた。それは当時の軍事力・生産力の発展に寄与したばかりでなく、わが国のあり様を根底から変質させるものであった。

五世紀後半から六世紀にかけて、朝鮮半島の加耶《かや》や百済《くだら》などから、大量の渡来人が畿内方面に移住してきた。このころ、移住してきた渡来人を、それ以前に移住してきた渡来人と区別して「今来《いまき》」と呼び、その中の工人を特に「今来才伎《てひと》」と称した(加藤謙吉『大和の豪族と渡来人』歴史文化ライブラリー、吉川弘文館)。「才伎」とは職人・工人・技術者を表し、「今来」は「新たに来った」「新参の」手工業技術者のことである。

加藤謙吉氏は『大和の豪族と渡来人』で「今来才伎の渡来」を次の文章ではじめている。『日本書紀』雄略天皇七年是歳条には、吉備《きび》氏の反乱伝承と結び付く形で、次のような話を伝えている。

吉備上道臣田狭《きびのかみつみちのおみたさ》の妻の稚媛《わかひめ》が美人であることを知った天皇は、稚媛を女御《みめ》にしようとして、田狭を任那《みまな》国司に任命し、その留守に稚媛を召した。任地でそのことを聞いた田狭は、新羅《しらぎ》に通じて、天皇に反抗しようとしたので、天皇は田狭の子の弟君《おときみ》と吉備海部直赤尾《きびのあまのあたいあかお》に詔《みことのり》して、新羅を討たせようとした。その時、西漢《かわちのあやの》才伎《てひと》歓因知《かんいんち》利《り》が天皇に「奴《やつかれ》より巧《たくみ》なる者、多《さわ》に韓国《からくに》に在《はべ》り。召して使《つかわ》すべし」と申し出た。天皇はその勧めに従い、歓因知利を弟君らに添えて道を百済に取り、あわせて勅書を下して百済に巧の者を献上せよと命じた。

弟君は新羅討伐を行わず、百済が天皇に献上した「今来才伎」を船の風待ちと称して大島に抑留し、任那の田狭と結んで謀叛《むほん》を起こした。弟君の謀叛を憎んだ妻の樟媛《くすひめ》はひそかに夫を殺し、吉備海部直赤尾とともに「手末才伎《たなすえのてひと》」（今来才伎）と大島に在留していた。弟君がいなくなってしまったので、天皇は日鷹吉士《ひたかのきし》と堅磐固安銭《かたしわのこあんぜん》を使者として派遣し、ともに復命をさせた。

そして「今来才伎」を「倭国《やまとのくにの》吾礪広津《あとのひろきつ》邑《むら》」に安置したが、病死する者が多かったので、天皇は大伴大連室屋《おおとものおおむらじむろや》に詔して、東漢直掬《やまとのあやのあたいつか》に命じ、「新漢《いまきのあや》」の陶部高貴《すえつくりのこうき》・鞍部堅貴《くらつくりのけんき》・画部因斯羅我《えかきいんしらが》、錦部定安那錦《にしごりじょうあんなこむ》、訳語卯安那《おさみょうあんな》らを、上桃原《かみももはら》・下桃原・真神原《まかみのはら》の三ヵ所に遷《うつ》し居住させた。

これらの朝鮮半島から渡来した渡来人は畿内とその周辺に住み、朝廷の文筆・財政などの行政実務、さらに鍛冶《かじ》・武器製造・機織・製陶・土木・建築などの生産部門や動物の飼育などの分野で大きく貢献した。史部《ふひとべ》・韓鍛冶部《からかぬちべ》・錦織部《にしごりべ》・陶部《すえつくりべ》は、彼らがそれぞれに組織された技術者集団であった。

このように、外来文化がわが国の生産力・軍事力・政治力の発展に寄与したばかりでなく、その社会を根底から変質させる契機をもたらしたのは、この時期ばかりではない。

遣唐使・遣隋使の派遣と大陸文化の移入

六世紀から大陸文化を導入したヤマト王権の中で、しだいに勢力を伸ばしてきた蘇我氏《そがし》は飛鳥の地に進出し、その地の漢氏《あやうじ》などの渡来人の知識・技術を用いて、朝廷の財政・生産を担い、また仏教を広めた。七世紀になると遣隋使《けんずいし》・遣唐使《けんとうし》が派遣され、仏教文化をはじめとする大陸の優れた人・物・文化が入ってきた。

七世紀に栄えた飛鳥《あすか》・白鳳《はくほう》文化にみられるように、六世紀に伝えられた仏教は豪族たちに信仰され、蘇我氏の飛鳥寺《あすかでら》（法興寺《ほうこうじ》）、聖徳太子《しょうとくたいし》の建立と伝えられる四天王寺・斑鳩寺《いかるがでら》（法隆寺）などの寺院を生みだしていった。このように、この時期の文化は中国と朝鮮の文化、特に仏教文化を受容することにより生まれたものであった。七世紀後半の白鳳文化の中では、仏教は朝廷内部で正式に信仰されるようになっていった。天平年間には国ごとに国分寺《こくぶんじ》・国分尼寺《こくぶんにじ》が配され、東大寺《とうだいじ》に大仏が造立《ぞうりゅう》された。仏教は国家仏教の性格を持つようになった。

このように、日本の古代の歴史もまた、異国文化を受容することによって形成されたのである。その異国文化は海を渡って中国大陸・朝鮮半島から渡ってきたものであり、わが国とは異なった文化や、情報を持った人々が渡来することによってもたらされた。

遣明船と倭寇

九世紀から十一世紀にかけて、遣唐使の派遣が廃止された後も、宋《そう》の商船が頻繁に渡来し、十一世紀中ごろには博多《はかた》の豪商や荘園領主などが日本から高麗《こうらい》へ船を出し、十二世紀には中国へ渡る日本船も出てきた。僧侶は頻繁に大陸へ渡った。十四世紀には社寺造営料唐船と称される貿易船が朝廷や幕府の許可のもとに公然と往来し、銅銭の輸入も頻繁に行われたのである。

十五世紀になると、日本は明《みん》の冊封体制《さくほうたいせい》下に入り、堺や博多の商人らを乗せた遣明船《けんみんせん》が派遣され、勘合《かんごう》貿易が行われた。日本国王は明に馬・太刀・長刀・硫黄《いおう》・鎧《よろい》・瑪瑙《めのう》・硯《すずり》・金屏風・扇・槍などを貢納し、明からは白金・羅・紗・彩・絹・銅銭などが頒賜された。このような公貿易のほかに、牙行《がこう》貿易・会同館市易などの私貿易も盛んに行われた。そのほかに対馬の宗《そう》氏を中心とする朝鮮との貿易や、東南アジアの特産品をもたらす琉球《りゅうきゅう》との貿易も行われた。また十四世紀ころから登場する倭寇《わこう》は、朝鮮・高麗の下層民を含めた日本人を中心とする海の盗賊集団で、密貿易者でもある。朝鮮半島から中国大陸沿岸部にまでその活動の範囲を広げていった。十六世紀になって登場する後期倭寇は、東アジア市場に進出した日本人密貿易者と、日本人と手を組んだ中国人、密貿易の相手であるポルトガル・イスパニアの商人も含めてそうよばれていた。

イスパニア・ポルトガルの進出

十五世紀から十六世紀初め、大航海時代と呼ばれるこの時代、封建社会から近代社会へ移行したヨーロッパの地中海の入口に位置するイスパニア・ポルトガルは、アジアの市場を求めて植民地活動を進めてきた。一五一七（永正十四、明の正徳十二）年ポルトガル人がはじめて広東《カントン》に入港したが、明は海禁政策をとっていたため、正式な交易許可がとれず、密貿易や出合《であい》貿易の形態で強硬に交易を行い、その範囲は広東・浙江《せっこう》・福建《ふっけん》地方にまで広がっていった。ポルトガル商人らも含めて中国側が倭寇ととらえていたのはそのためである。天文十二（一五四三）年、九州の種子島《たねがしま》にポルトガル人を乗せた一艘の中国船が流れ着いた。これがヨーロッパ人が日本にきた最初であるが、この漂着した中国船は、倭寇の首領である王直《おうちょく》の船であった。この時、ポルトガル人が持ってきた鉄砲を島主種子島時尭《たねがしまときたか》（一五二八―七九）が買い求め、家臣にその製法を学ばせた。種子島と呼ばれた鉄砲は、やがて和泉《いずみ》の堺《さかい》、紀伊《きい》の根来《ねごろ》、近江《おうみ》の国友《くにとも》などで刀を鍛錬する技術を応用して製造されるようになった。

種子島に伝えられた鉄砲は戦国時代の戦法を大きく変えることになった。それまでの騎馬隊を中心とした戦法は銃を持った歩兵隊を中心とした戦法に切り替わり、家臣団の編成も変化した。また城郭の構造も土塁《どるい》から石垣《いしがき》に変わるなど、鉄砲に対応する変化がみられた。特に検地《けんち》と刀狩《かたながり》を中心とした兵農分離を新たな原理とする豊臣秀吉（一五三七―九八）の常備の鉄砲隊の編成は、近世の統一政権成立の直接の契機となった。このようにポルトガル人によってもたらされた鉄砲技術もまた、それまでの社会体制を根底から変質せしめたのである。

織物技術の伝来

ところで、わが国の伝統的な手工業技術の中心である絹織物を概観してみると、十六世紀半ばから十七世紀初頭にかけて中国、特に明から複雑な「高機《たかはた》」を使った高級な製織技術が伝来し、京都・堺・博多などの都市手工業の発展に契機を与えた。黒川真頼《まより》『増訂工芸志料』には、この時期に明様の紋紗《もんさ》・綿・縮緬《ちりめん》・金襴《きんらん》・緞子《どんす》などが堺に伝えられ、その織法がこの地に受容され、そこから京都へ伝播し定着していった事情が述べられ、別にまた、のちに博多織の起原となった琥珀織《こはくおり》にも似た厚地の織物が博多にも伝わったことが記されている（『講座　日本技術の社会史3　紡織』一三八―一三九頁、日本評論社）。

こうした高級織物技術が国際貿易都市長崎を窓口としてまずそこに移植され、つづいて政治・経済の中心である京都において都市手工業として開花したのは、高級絹織物の需要層が都市に居住する上級武士・貴族・僧侶・神官や富裕な町人に限られていたこと、何よりも原料糸を輸入生糸＝白糸に頼らねばならなかったからであろう。

白糸の輸入は十五世紀の勘合貿易以来のことであるが、十六世紀末には本格化し、貞享二（一六八五）年に白糸輸入制限令が出されるまで、わが国の絹織物業への原料供給の面で重要な役割を担い続けた。その後も、幕府の貿易政策の影響を受けながら、白糸の流通は五ヶ所商人といわれる京都・堺・長崎・江戸・大坂の特権的な糸割符《いとわっぷ》仲間によって行われてきた。

このように鎖国制下においても——窓口を長崎に制限されても——外来商品・文化はわが国に流入し続けた。しかしその後、生糸などはその輸入額が制限されるようになり、元禄元（一六八八）年には中国人の居住地も長崎の一区画唐人《とうじん》屋敷《やしき》だけとされた。それは、外国人との接触がかぎられた人だけに委ねられたことを物語っている。

古代・中世・近世を通して、人々が海を媒介として頻繁に交流を行い、大陸から海を渡ってきた文化は、それぞれの時代の人々、社会、国家に受容されることによって、日本の血になり肉になっていった。

徳川幕府がキリスト教の禁圧を軸に、外国船貿易の統制・管理、日本人の海外往来の禁止を目的に実施した対外交通政策と、それによってもたらされた状態を鎖国《さこく》とよんでいる。

キリスト教と南蛮文化の受容

この政策は、寛永十（一六三三）年の鎖国令の発布から寛永十六（一六三九）年のポルトガル船の渡航禁止、寛永十八（一六四一）年の平戸オランダ商館の長崎出島《でじま》移転をもって確立した。一般に鎖国とよばれるこの体制は、嘉永七（一八五四）年、日米和親条約《にちべいわしんじょうやく》（神奈川条約）が調印されるまで二百余年の間つづいたといわれている。鎖国によって特徴づけられた時代を「中世」とも「近代」とも異質な時代「近世」とよんでいるが、その時代をどのような封建制の時代であるのか明らかにするためにも、鎖国のもとでの対外関係を明らかにしなければならない。

ヨーロッパ人がはじめて日本の土を踏んだのは、天文十二（一五四三）年ポルトガル人が種子島に漂着したときである。このとき、鉄砲がわが国にもたらされた。それから数年後、天文十八年にはフランシスコ・ザビエル（一五〇六―五二）が鹿児島に上陸、キリスト教の布教をはじめた。この南蛮《なんばん》文化との出会いの意味について『日本史　近世　上』（NHK学園）は次のように述べている。

それまでの日本人は本朝《ほんちょう》・唐《から》・天竺《てんじく》の三国世界観《さんごくせかいかん》に安住していた。本朝とは日本、唐とは朝鮮を含めた中国大陸、天竺は仏教発祥の地インドのことである。従って三国世界はアジアに限定されているわけである。

一五四〇年代のポルトガル人の種子島漂着、ザビエルの鹿児島上陸はアジアに限定されていた日本人の視野がいっきに世界的規模に膨らんだことを意味している。

こうした、それまで未知の異文化との接触は、二挺《ちょう》の鉄砲の伝来が、既に指摘したように、それまでの国家体制、社会体制を根底から変質せしめる役割を果したように、日本社会、国家の有り様に少なからざる影響を与え、やがて鉄砲という強力な兵器を十分に活用した信長・秀吉が天下の帰趨《きすう》を決することになった。

ところで、打ち続く戦乱に疲れた日本人に、神の前の平等と神と人々への献身的愛を説くキリスト教は急速に受け入れられていった。その信徒数は松田毅一氏の『キリシタン・史実と美術』（淡交社）によると元亀元（一五七〇）年には二、三万人であったが関が原の戦いのあった慶長五（一六〇〇）年には三〇万人にも達していたといわれる。

日本へのキリスト教の布教は、イエズス会が中心であったが、フランシスコ会、ドミニコ会は中南米経由でフィリピンに根拠地をおき、日本に入ってきた。いずれも、南から来た異国人であることから、彼らを南蛮人とよんだ。また鎖国以前にイスパニアやポルトガルの南蛮船によってもたらされた西洋文化を、鎖国以降長崎に入って来たオランダ船などによってもたらされた文化と区別して南蛮文化とよんだ。

南蛮文化はイエズス会を中心としたキリスト教布教とともにもたらされたもので、教育にも力を入れ、当時西洋で行われていた教育法・教育施設などが設けられた。学校は庶民を対象とする普通中等教育のためのセミナリオと、専門的な布教者を養成するためのコレジオとに分かれていた。ここではキリスト教の教義や神学に加えて、ラテン語やラテン文学、数学や天文学、絵画や音楽など、宗教・文学・科学・芸術など西洋の文化についての幅広い教育が行われた。

また、イエズス会ではキリシタン版・天草《あまくさ》版とよばれる出版物を活字印刷し、宗教書の他に『平家《へいけ》物語』『伊曽保《いそぼ》物語』など文学書も刊行していた。また日本国内で聖画を自給できるようにセミナリオに画学舎を設け、油絵や銅版画の西洋画法が伝授された。透視遠近法や陰影法などの合理的な西洋画法が入ったのもこのころであった。しかし、それがわが国に定着するのは十八世紀以降のことである。

桃山時代から江戸時代初頭にかけてポルトガル・イスパニアからのキリスト教文化と接触することにより生まれた南蛮文化は、鎖国を契機にオランダ商船によってもたらされた紅毛《こうもう》文化に変わっていった。

南蛮文化から紅毛文化へ

長崎は鎖国体制下に、海外からの文化に直接接することができる唯一の場所となった。鎖国以前に来航していたポルトガルやイスパニアの南蛮船にかわってオランダ船がヨーロッパはもとより、中近東やインド、東南アジアや中国の珍しい文物を大量にもたらす。羅紗《らしゃ》やビロウド・更紗《さらさ》や毛皮、ガラス器具、望遠鏡や顕微鏡、油絵や銅版画など、日本人にとっては夢のような異国情緒たっぷりの品々を届けてくれる。まさに日本人にとっては宝船のようなこの船を南蛮船と区別して、紅毛船とよび、鎖国以降オランダを中心に新たにアジアに進出してきた国々のもたらした文化を紅毛文化とよんだのである。

キリスト教の布教とともに入って来た西洋画法は日本人の画学生たちに伝えられたが、キリスト教信徒の周辺に限られていたため、禁教と同時に終わってしまい、一般に普及するまでには至らなかった。

図1　長崎港図（川原慶賀，神戸市立博物館所蔵）

ところが、江戸時代に入り、十八世紀中葉以降に再燃したときには、遠近法や陰影法などの写実的な画法が正しく受けとめられ、他の流派にまでも影響を与える絵画運動として積極的に展開された。それは平賀源内《ひらがげんない》（一七二八―七九）や司馬江漢《しばこうかん》（一七四七―一八一八）などの、西洋の学芸に本質的な理解を深めた蘭学者の周辺で学びはじめられたからである。

洋学の成立

日本はオランダを通して西洋の美術に学ぶばかりでなく、蒔絵《まきえ》や陶器などのすぐれた工芸品を輸出し、工芸意匠の上でも影響を与えた。十九世紀半ば開国以降にヨーロッパ全体に広がったジャポニズムの傾向は、浮世絵版画の愛好に支えられたものであるが、マネやモネが尊重した葛飾北斎（一七六〇―一八四九）や歌川広重（一七九七―一八五八）は、鎖国の下ですでに西洋画の遠近法を導入して、新しい日本画の世界を開いた人たちである。鎖国の下で東西の美術の交流は活発に行われていたのである。

享保五（一七二〇）年、将軍吉宗《よしむね》（一六八四―一七五一）は、享保の改革の一環として、それまでの漢訳洋書の輸入制限を緩和した。これを契機に博物学・医学・天文学などの西洋の学術研究が盛んになった。杉田玄白（一七三三―一八一七）・前野良沢《まえのりょうたく》（一七二三―一八〇三）らによる蘭訳解剖書からの『解体新書《かいたいしんしょ》』の翻訳出版はその初期の成果のひとつである。それは実証主義にもとづく西洋科学の正しさが認識されるようになったことを示している。

こうした蘭学者の実証主義にもとづく科学的研究態度は社会や政治の仕組みにまで関心がおよび、オランダ以外のヨーロッパ全般に学ぼうとする洋学《ようがく》に進展していった。

外国事情に詳しい洋学者の一部はヨーロッパ列強やアメリカのアジアへの進出に危機意識を増大させ、幕藩制の現状に批判的になってきた。異国船打払令にもとづくモリソン号への砲撃を批判したために天保十（一八三九）年に起こった蛮社《ばんしゃ》の獄《ごく》は、渡辺《わたなべ》崋山《かざん》（一七九三―一八四一）や高野《たかの》長英《ちょうえい》（一八〇四―五〇）らの洋学者たちに加えられた幕府の弾圧であった。学問と政治思想が切り離せなくなったことを示す事件であったといえよう。

当時の為政者、幕府およびそれをとりまく勢力は洋学に学ぶ学者・文化人の間に芽生えはじめたヨーロッパ風の合理主義と、そこに目覚めようとしている科学の目に体制危機の意識をもったのであろう。その対象となった体制批判の実態は何か。またその実態をどのように為政者側は把握していたのか。

為政者側が、ヨーロッパ列強やアメリカに展開する近代化・世界資本主義の論理を、アジアや日本をのみこむ新たな力として認めるか、日本の体制を否定する力としてのみ理解し、政治的対応をするかはともかくとして、

鎖国制下の異国認識

鎖国体制のもとで、外国事情の変化の実態認識はどのような広がりをもって存在したのであろうか。その広がりは鎖国制のもとでどのような経緯をもって存在してきたのであろうか。幕府の上層部やごく限られた一部の知識人にのみに広がっていたのであれば、幕藩制を底辺で支える百姓・庶民たちは、外国事情をどのように認識していたのであろうか。目かくしの実態、その下で見ようとしている実態を、鎖国のもとで、幕藩制の力を直接受ける百姓たちの現実をふまえて検討することが必要であろう。それは風聞《ふうぶん》や風説書《ふうせつしょ》を生み出す幕末期の状況を正しく理解するためにも必要な作業であろう。

本書は、こうした課題をはっきりさせるために、史料と対話し、これまでの研究成果に学びながら頭に浮かび上がってきた問題を考える方向づけをすすめながら描いた叙述にすぎない。

ともあれ、桃山時代から近世初頭にかけてのキリスト教の布教に導かれた南蛮文化の導入に続く、鎖国後のオランダを媒介とした西洋文化の受容が日本の異国文化・外来文化の

理解にどのような変化を与えたのか。さらに鎖国制のもとでの外来文化の受容の実態とその変化をどのように理解したらよいのかを、黒船来航と情報伝播を考える前提として知る必要があろう。この点を指摘したうえで、黒船来航と日本の近代についてごく荒く見ておくことにしよう。

黒船来航と日本の近代

世界情勢の変化

日本が対外関係を厳しく管理する、いわゆる鎖国政策をとっている間に、世界の情勢は大きくかわっていた。十七世紀に入ると、それまで全世界に植民地を広げていたイスパニア・ポルトガルにかわってオランダ、次いでイギリス・フランスが世界市場をもとめて海外に進出しはじめた。ロシアも十八世紀はじめころになると、東方への進出に力を入れ、シベリアをへて日本の近海にあらわれ、オットセイなどを捕るようになった。

ロシアと日本との公式的接触は、寛政四（一七九二）年九月にラックスマン（一七六六―?）が伊勢《いせ》の漂流民大黒屋光太夫《だいこくやこうだゆう》（一七五一―一八二八）らを護送して根室《ねむろ》に来航し、国使としてわが国に通商を求めたことに始まる。ロシアはエカテリーナ二世のころには、すでに択捉《えとろふ》・国後島《くなしり》に姿をあらわしていた。東蝦夷地の要港厚岸《あつけし》にロシア船が来航したのは安永七（一七七八）年のことであった。北方警備を重視した幕府は寛政期以降数回にわたり近藤重蔵《こんどうじゅうぞう》（一七七一—一八二九）や間宮林蔵《まみやりんぞう》（一七八〇—一八四四）を派遣して、蝦夷各地を調査させ、同地を幕府の直轄地とし、北方の警備を厳しくした。ロシア使節ラックスマンが根室に来航し、わが国との通商を求めた年の前年＝寛政三（一七九一）年には林子平《はやししへい》（一七三八—九三）が『海国兵談《かいこくへいだん》』全巻の刊行を終え、海防の必要を訴えていた。

幕府も寛政四年急遽海防掛を設け、沿岸諸大名に海防を命じるとともに、老中松平定信《まつだいらさだのぶ》自らも、安房・上総・下総・伊豆・相模などの海岸を巡視している。

文化元（一八〇四）年にはロシアのレザノフ（一七六四—一八〇七）が長崎に来航し、通商を求めたが翌年幕府はこれを拒否した。レザノフはその報復としてわが国が樺太《からふと》と択捉島においていた番所や漁船を攻撃した。

一方わが国はロシア艦長ゴロウニン（一七七六—一八三一）を捕らえ、またロシア側も高田屋嘉兵衛《たかだやかへえ》（一七六九—一八二七）を捕らえたりして、両国の間で紛争がたえなくなった。この問題については文化十年和解が成立することになるが、日本もこれまでのように鎖国体制の中に安住することはできなくなったのである。

イギリス船・アメリカ船の接近

文化五（一八〇八）年にはイギリス軍艦フェートン号がオランダ船を追って長崎港に侵入してオランダ商館員を捕らえ、わが国に食糧・飲料水を強要するフェートン号事件などが起きた。

その後もイギリス船が日本近海にあらわれ、異国船との間のトラブルが続いたため、幕府は文政八（一八二五）年に外国船を見つけしだい打ち払えという異国船打払令を出した。本書でやや詳しく述べる漁村の豪農・漁民たちが海防の一環に組み込まれたのも、幕府の海防強化の現れであり、異国船と直接接する漁民や船乗りたちを海防システムの中に組み込まざるを得ない、鎖国体制のもとでの対外政策の欠陥が現れたものであろう。

このように、打ち払い令を出し、鎖国体制をまもりぬこうとした幕府は、天保八（一八三七）年に漂流日本人の送還と通商を求める目的で来航したアメリカ船モリソン号を撃退してしまった。この事件は日本をとりまくこの時期の国際情勢を理解していない幕府の、国際感覚の欠除と海防政策の不備を示すものであった。天保十一（一八四〇）年には中国（清《しん》朝）とイギリスの間に戦争が起き、イギリスが香港を占領するなどの、いわゆる阿片《アヘン》戦争のニュースが伝わると、幕府は異国船打払令はわが国に危機をもたらすと考え、天保十三年に打ち払い令を撤回し、外国船に薪水《しんすい》と食糧を与えて退去させるように命ずるとともに、諸大名・旗本に対して軍備を整えるように命じた。
こうした情況をふまえて異国船・渡来船に対する対応の仕方も、試行錯誤を繰り返しながらも、海村の漁民たちを取り込みながら危機意識を強め、より現実的な対外対応策を模索しはじめた。この点を具体的に明らかにするのも本書の目的のひとつである。

開国への道　十九世紀に入り、このようにロシア・イギリス・フランス・アメリカなどが次々と日本を訪れるようになり、天保十五（一八四四）年には、オランダ国王ヴィレム二世の特使が将軍に開国を勧めた。しかし、幕府は鎖国を祖法として国を開くことをしなかった。

このような情況のもとで、最初に日本を開港させることに成功したのがアメリカであった。アメリカが最初に日本に国交を求めたのは弘化三（一八四六）年のことである。その時派遣されたのが東インド艦隊司令長官ビットル（一七八三―一八四八）である。この時、幕府はこれを断った。

このころ、アメリカはメキシコと戦い、カリフォルニア地方を手に入れ、そこで発見された金鉱は、いわゆるゴールドラッシュを引き起こし、アメリカ人の目は太平洋に向けられた。アメリカは太平洋での捕鯨に力を入れるようになり、太平洋の西側に水・食糧・燃料を補給するための寄港地を確保しようとしていた。

嘉永六（一八五三）年六月、アメリカ東インド艦隊司令長官ペリー（一七九四—一八五八）は軍艦四艘を率いて江戸湾の入口、浦賀《うらが》に来て、アメリカ大統領フィルモアの国書を幕府の役人に渡し、開国と通商をもとめた。

ペリーの率いる四艘の軍艦は蒸気の力で外輪を動かし、風や潮の流れに逆らって進むことのできる黒い鋼鉄の軍艦で、日本人はこれを黒船《くろふね》とよんで、恐れ、おののいた。本書でいう黒船以前とは、ペリーの艦隊が浦賀に来た嘉永六（一八五三）年六月以前を指す。

フィルモアの国書を受け取った幕府は国書に対する回答を翌年に延期することを約束し、ペリーはいったん退去した。

この時の老中主席阿部正弘《あべまさひろ》（一八一九—五七）は、先例を破ってこれを朝廷に報告し、諸大名・幕臣にも意見を求めた。彼らの多くは開国に反対で、意見の統一ができないうちに、翌年再びペリーが軍艦七艘を率いて来航し、武力を背景にこれまでの外国使節よりも強硬に開港をせまったのである。

ペリーの強硬な態度に驚いた幕府はアメリカの開国要求に屈服し、嘉永七（一八五四）年三月に日米和親条約（神奈川条約）をむすんだ。鎖国体制が完成した寛永十六（一六三

図２　ペリーの横浜上陸（ハイネ原画，石版画，1855年，横浜開港資料館所蔵）

九）年からじつに二一六年目のことであった。

この過程で幕府が先例を破って、朝廷に報告し、諸大名や幕臣たちの意見を聞いたことは、諸大名に幕政への発言の機会を与えることとなり、政局転換のきっかけとなった。

日米和親条約

ところで、この和親条約は①両国の和親、②下田・箱館の開港、③食糧・燃料・水などの供与、④遭難船の救助、⑤駐日領事の設置、⑥片務的最恵国待遇の供与、など一二ヵ条よりなっていた。

日米和親条約の締結を契機としてイギリス・ロシア・オランダとも同様の条約を結ぶことになった。幕府は、同年閏七月十五日に長崎に入港したイギリス東インド艦隊司令長官スターリングとの間で、八月二十三日に日英和親条約を結び、長崎・箱館を開港している。同年十二月二十一日には日露和親条約を下田で調印し、下田・箱館・長崎を開港した。択捉・ウルップ島間を国境とし、樺太を両国雑居地と定めたのもこのときであった。この条約締結の特命を受けたロシア海軍の提督がプチャーチンであり、その乗艦が本書でもとりあげる伊豆の下田で遭難したディアナ号である。

この年は吉田松陰《よしだしょういん》（一八三〇—五九）が下田でアメリカ軍艦に密航を求め拒否され、翌日自首して捕らえられたり、佐久間象山《さくましょうざん》（一八一一—六四）も連座して投獄された。また、嘉永六年ペリー来航後幕政参与となっていた前水戸藩主徳川斉昭《とくがわなりあき》（一八〇〇―六〇）が各国との間の和親条約締結を不満として安政四年幕政参与を辞任するなど異国船来航・開港をめぐるさまざまな事件が起きている。それは二百余年続いた鎖国体制が終わりを告げた現れといえよう。

安政の五ヵ国条約

ところで、日米和親条約にもとづいて、安政三（一八五六）年、アメリカ駐日総領事ハリス（一八〇四―七八）が下田に着任すると、彼は江戸に出て将軍に謁見《えっけん》し、アメリカ大統領からの国書を渡した。ハリスは江戸幕府にアメリカと通商条約を結ぶことを強く迫った。そのころ、日本国内には攘夷《じょうい》の機運が強いため、幕府はこうした世論の動向を勘案して交渉の引き伸ばしをはかった。

そのころ、大陸ではアロー号事件を契機に出兵した英仏連合軍に清国が敗れるアロー戦争があった。ハリスはこの機をとらえて、幕府に条約の調印を迫った。そこで、幕府は老中堀田正睦《ほったまさよし》（一八一〇―六四）を京都に派遣し、世界の大勢を説いて、朝廷に条約の調印を求めた。しかし朝廷は条約の調印に反対したため、幕府は大老に就任した井伊直弼《いいなおすけ》（一八一五―六〇）の決断により、勅許が得られないままに、安政五（一八五八）年六月に日米修好通商条約に調印した。

この条約では①外交代表の支援、②神奈川・長崎・新潟・兵庫・箱館の開港、江戸・大坂の開市、③開港場でのアメリカ人の居留、④日米両国間の自由な通商、⑤日米両国の協議による関税の決定、⑥阿片の輸入禁止、⑦アメリカ人の犯罪に関するアメリカ領事の領事裁判権の容認、など一四ヵ条からなっていた。

この年、幕府はアメリカに続き、オランダ・ロシア・イギリス・フランスとも同様の条約を結んだ。これを「安政の五ヵ国条約」という。この条約は日本の鎖国を実質的に解き放った記念すべきものであったが、片務的な領事裁判権・最恵国待遇を認め、また関税の自主権を欠いた、日本にとって不平等条約であった。そのため、明治政府はその改正に長い間苦労することになったのである。

開港にともなう条約の締結は日本にとってきわめて不平等なものであり、金銀貨の交換比率を無視した同種同量の通貨交換によるわが国の金貨流出という欠陥を持つとはいえ、日本は欧米諸国と貿易を開始し、産業革命以降の近代工業の成果と技術、さらに近代国家としての体制整備の窓を開くことができたことは忘れてはならないであろう。

洋式軍事技術の導入

ところでペリー来航をきっかけに欧米諸国との国力の差を強く感じた幕府は海外事情の調査や蕃書調所《ばんしょしらべしょ》（のち洋書調所・開成所《かいせいしょ》）などの洋学研究・教育の機関を設けた。また、オランダから軍艦を買い入れ、オランダ人教官を招いて長崎海軍伝習所を設けた。その中心人物が勝海舟《かつかいしゅう》（一八二三―九九）であり、榎本武揚《えのもとたけあき》（一八三六―一九〇八）・五代友厚《ごだいともあつ》（一八三五―八五）・佐野常民《さのつねたみ》（一八二二―一九〇二）ら日本の近代化に貢献した人々は長崎海軍伝習所の初期の伝習生であった。

幕府側が対外危機を認識し、こうした軍備の整備をすすめる間にも、薩摩・長州・佐賀などの雄藩《ゆうはん》は、列強と対抗するために、幕府にもまして、洋式軍事技術を導入して軍備の充実をはかった。

こうした情況のもとで、幕府は勅許《ちょっきょ》を得ないまま通商条約を結んだ結果、欧米諸国の圧力に屈したとの理由で、雄藩と幕府側内部の反幕府勢力の板ばさみに合うことになった。こうした幕府をとりまく政治諸勢力の対外情報はどのように形成され、伝播し、危機をめぐる対抗関係を形成したのか。幕末期の政治状況の変化、安政の大獄、桜田門外の変などの諸事件とのかかわりの中で明らかにしていかねばならないであろう。

さらに商業的農業をはじめとする商品生産、貨幣経済の展開を支える幕末期の豪農商層の役割とその性格も明らかにしなければならない。彼らが幕末の政治情勢にどのようなかかわりをもち、どのような行動をとったのか。この点の検討は、近世から近代への転換を政治や外交の動きからのみでなく、社会構造の転換としてとらえる場合不可欠の作業となろう。

黒船以前の対外関係

幕藩体制成立期の国際環境

ヨーロッパ諸国の動向

ヨーロッパ諸国の中で、最初に「東方《とうほう》」への進出事業を組織的に行ったのはポルトガルである。それは、中世にマルコ＝ポーロのような大旅行家によって、偶然的恣意的に行われたものではなく、中世にさまざまな情報として集積された東方世界をめざして、国家の総力をあげて行われた征服事業であった。それは十五世紀初頭のことであった。

やがて、十五世紀末になると、ポルトガルとイベリア半島を二分するイスパニア人がカナリヤ半島方面への航海に乗り出し、ポルトガル勢力との競合関係が生ずることになった。イベリア両国の間では、お互いの航海領域を設定することが、政治的課題となり、一四九四年のトルデシラス条約によって、ポルトガル・イスパニア両国の世界分界協定が結ばれ、決着を見た。

加藤栄一氏は「イベリア両国の海上進出事業は、それ以前のヨーロッパ諸国民の海上・陸路による遠隔地商業や探検旅行と比較して、海上のルートを独占し、競合する勢力を極力排除して、海上に領土的な支配を確立しようとした点で、本質的に異なる性格をもっていた」と述べている（「ヨーロッパ勢力の東漸」『アジアの中の日本史Ⅱ外交と戦争』東京大学出版会）。彼らにとり、「東方」への進出は新たな領土と交易圏を獲得するための征服事業であり、それゆえに国民的統合の紐帯《ちゅうたい》であるカトリックの信仰の伝播《でんぱ》を強力に推し進めようとしたのである。

ところで、十五世紀末から十六世紀にかけてポルトガル勢力、ついでイスパニア勢力がインドへ進出する過程と反比例して、イスラム勢力の後退が進み、西アジア、インド洋海域における交易圏支配に構造的変化が生じ、ポルトガル人が拓いたインドへの海上への道は、以後、オランダ、イギリス、フランスなどの諸国民に対しても、インドへの接近の機会を与えることとなった。

その結果、東アジア世界においても海上の支配をめぐるヨーロッパ諸国間の競合関係は緊迫の度を増すことになった。

オランダ勢力の東アジア世界への進出は、域内の交易圏と海上支配の争奪をめぐる新たな矛盾をもたらすことになった。おまけに、ポルトガルの海上進出を契機としたヨーロッパ諸国のアジア進出はさまざまな文化摩擦を生み出したばかりでなく、結果的にはその後の植民地支配の体制へ傾斜を強めることになった。

西アジアに航海・交易・領有・布教事業の独占権を行使したポルトガル・イスパニア両国の海外進出やオランダ・イギリス両国の東インド会社のごとく、国家からの特許状を賦《ふ》与《よ》された貿易会社によって商人資本を集中し、組織した交易網を拡大し、交易の独占を図った事例が、ヨーロッパ諸国民の海外進出を特徴づけている。このような十五世紀初頭にはじまるヨーロッパ諸勢力の東漸《とうぜん》は、東アジア世界の秩序を大きく変化させ、日本を鎖国・海禁政策をもって対応せしめたのである。

東アジア秩序の変化と日本

ヨーロッパ勢力の東南アジア島嶼《とうしょ》部への進出によってもたらされた東アジアの国際情勢の変動に対して、中国・朝鮮・日本などの内陸型諸国家の示した対応は、ヨーロッパ諸国民の海上支配の形成に強いインパクトとして作用した。いわゆる「鎖国制」の問題はその典型的事例である。

ところで、幕藩制国家成立期の東アジアは、女真《じょしん》族をはじめとする諸民族の活動の活発化、倭寇の拡大など、明を軸とする朝貢《ちょうこう》・冊封《さくほう》体制に緩みが生じ、大きく変化をとげつつあった。その変化のなかで、日本は自らの立場を有利に展開すべく、新たな国際秩序の形成をこころみていた。明との関係でみると天文十六（一五四七）年大内義隆《おおうちよしたか》が派遣して以来明との貿易が途絶え、それ以後の日明貿易は倭寇が主体となって行われていた。秀吉・家康は、ともに倭寇を禁止し、明との貿易の掌握、国交回復を望んでいたが、実現せず、鎖国以降は中国との関係は、長崎を通じての私貿易と、朝鮮や琉球を媒介として維持されることになった。琉球は、島津《しまづ》氏を介して幕藩体制の中にくみこまれ、恩謝使《おんしゃし》・慶賀《けいが》使《し》として使節を江戸に派遣することになったが、一方で中国の冊封体制に入っており、日本からは「異国」としての独立した立場を維持していた。朝鮮は、十五世紀以降対等の立場で日本に使節を派遣していたが、秀吉の朝鮮侵略に如実に示されるように、日本側は常に上位に立とうとした。江戸時代に入ってからも宗氏を介してその関係は継続され、文化八（一八一一）年までの間、朝鮮通信使《ちょうせんつうしんし》が定着することになった。朝鮮通信使を通じて、日本は朝鮮半島や大陸の文化や政治情報を入手することができた。アイヌなどの北方民族もまた「異国」「異域」と位置づけられながら、松前藩にその管理をゆだね、幕藩体制の

図３　琉球中山王両使者登城行列図（1710年，国立公文書館内閣文庫所蔵）

中にくみこまれていった。

このように東アジアの変動の中で、日本は自らを軸とする国際秩序を形勢していった。鎖国とはその国際的対応のひとつの結論として成立したものである。

鎖国下の異国文化

鎖国《さこく》制下の江戸時代において、外国に向けて長崎・対馬《つしま》・琉球《りゅうきゅう》・松前《まつまえ》の四つの「口」が開かれていたが、なかでも長崎は、幕府が直接掌握するために設置した、異国との重要な貿易・情報の窓口であった。

鎖国下における異国文化との接触

鎖国制度は、日本人の海外渡航を禁止し、異国との接触を長崎をはじめとする幕府が決めた窓口に限定し、それ以外で交流をもつことを禁止した制度である。だが、現実に異国人と特権的な武士・学者・商人以外の一般の諸藩士・商人・村人などとの接触が江戸時代を通じて皆無であったのかというと決してそうではない。その制度の枠内であれば、武士階級や特権的な商人はもちろんのこと、それ以外の人々でも異国人との接触は存在した。たとえばオランダのカピタンの江戸参府《さんぷ》ではその行く先々において、かぎられた範囲のものではあったが一般の庶民でも異国人を目にし、異国文化にふれることはあった（片桐一男『江戸のオランダ人』中公新書）。それは朝鮮や琉球の使節が通行する場合も同様であった。

また異国人を目にすることはなくとも、朝鮮通信使《ちょうせんつうしんし》や琉球使節が通行する場合には街道沿いの村々には諸役が課され、その存在は認識されていた。豆州内浦の長浜《ながはま》村（現沼津市）には、天和二年・享保四年・寛延元年・明和元年・文化八年の朝鮮人来朝にともなって村々に課された諸役・諸経費に関する史料が多く残されている。寛延元（一七四八）年来朝時には、酒匂《さかわ》川に船橋をかけるため、豆州田方郡・君沢郡・那賀郡の広い範囲の村々に掛船の差出しが命ぜられている（『豆州内浦漁民史料下巻』）。また、朝鮮通信使が現在の平塚市の馬入《ばにゅう》川を通過するにあたり、馬入川に船橋がかけられたが、このとき高座《こうざ》郡三〇ヵ村余り、相模国の北端の村々にまで役金《やくきん》が課せられていたのである（『平塚市史4』）。

また長崎を通じてさまざまな種類の毛織物や絹織物、更紗や羅紗、錫、鉛、象牙、薬、白砂糖、銀銭、エジプトのミイラなど多くの異国の品々が輸入された（石田千尋『日蘭貿

図4　画本東都遊　中巻（葛飾北斎，1802年刊，仙台市博物館所蔵）

易の史的研究』吉川弘文館）。これらの品々は、幕府や諸大名、豪商たちを喜ばせ、手にすることができない一般庶民ですら異国への想像を豊かに掻き立てたのである。

外国人の江戸参府と日本描写

オランダは、朝鮮や琉球と異なり、鎖国の過程で、長崎における貿易のみに限定されて来航を許可された。また、「オランダ風説書」や、アヘン戦争以後は「別段オランダ風説書」を幕府に提出し、アジアや欧米の海外情報を提供したことはよく知られている。

寛永十（一六三三）年からは毎春一回のオランダ商館長の江戸参府が恒例化され、寛政二（一七九〇）年からは四年に一度になり、嘉永三（一八五〇）年まで継続した。オランダ商館長の江戸参府の様子は片桐一男氏によって詳細が明らかにされているように、幕府側に残された記録のほかに、オランダ人やそれに随行した外国人が記録したものが残されている。

外国人による日本の記録で最も著名なものは、元禄十四（一七〇一）年オランダ商館長に随行して江戸に向かったオランダ人外科医のケンペルによる『江戸参府紀行』（『新異国叢書』）であろう。ここでは往路復路ともに、通過する村や町・宿の様子や特徴、自然環境、沿道の人々の姿にいたるまで、詳細な記述がみられる。思い違いの記述も多くみられ

図5　東海道五十三次の内　原（葛飾北斎，名古屋市博物館所蔵）

るものの、オランダ人による紀行文の中では最も充実し優れた内容をもっているものの一つである。ケンペル以降では、安永四（一七七五）年に長崎に入港したスウェーデンのツンベルグの『日本紀行』（『新異国叢書』）、長崎日本商館書記・商館長をつとめたオランダ人のヅーフによる文化七（一八一〇）年の江戸参府の様子を記した『日本回想録』（『新異国叢書』）、ドイツの医学者で博物学者であるシーボルトによる文政九（一八二六）年の江戸参府の様子を記した『江戸参府紀行』（『新異国叢書』）などの紀行文が残されている。これらの記録から外国人の目からみた日本というものを詳細に知ることができる。

ところで、嘉永三（一八五〇）年オランダ商館長レフィスゾーンを最後にオランダ人の江戸参府がなくなるが、それまでは、オランダ商館長と随行員が長崎から江戸にむかう行程や宿泊する宿は幕府の管理下において決められていた。旅の行程では自由はなく、役人が付き添う中での道中であった。

片桐一男氏によるとその行程は、万治二（一六五九）年以降には長崎から下関《しものせき》までの陸路、下関から室《むろ》あるいは兵庫までの海路、大坂・京都をへて東海道を通って江戸にむかう道中の三つの部分からなっていた。

この九州をへて瀬戸内海を船で通って陸路に転じ、大坂・京都をへて東海道で江戸に入

図6　長崎唐館交易図巻（渡辺秀詮，神戸市立博物館所蔵）

るというルートは、オランダ商館長のみでなく、朝鮮通信使や琉球使節にも共通するルートであり、鎖国制下の外国人が国内を通過する場合の決められた通り道であった。船で直接江戸に入ることはできなかったのである。

しかし、そのため、かぎられた条件の下ではあったが、街道沿いの宿村の情景が詳細に観察され、記録に残されることになったのである。街道沿いの宿場の人々も外国人の行列を見物し、異国文化の一端にふれることになったのであろう。

外国人による江戸時代の日本の記録は、安政期を境に大きく変化する。安政四（一八五七）年通商条約の交渉のため来航したアメリカのハリスとヒュースケンは下田に来航したため、下田から小田原を通って東海道を江戸に向かったときの記録を『日本日記』『日本滞在記』に残している。またイギリス公使オールコックは『大君の都』の中で万延元（一八六〇）年富士登山と熱海《あたみ》温泉旅行を行ったことも記している。プロイセン全権公使オイレンブルクは、万延元年『日本遠征記』の中で、江戸・横浜・長崎の様子を、イギリスの函館《はこだて》領事ホジソンは同年『長崎函館滞在記』の中で長崎・函館の様子を詳細に記録している。このように江戸や開港場の様子を詳細に記録したものや、文久二（一八六二）年お雇い外国人パンペリーの『日本踏査紀行』や慶応元（一八六五）年に来日したドイツのシュ

図７　横浜村の農家（『ペリー艦隊日本遠征記』より，横浜開港資料館所蔵）

リーマンの『日本中国旅行記』にみられるように、横浜・神奈川のほかに八王子近辺にまで足をのばした記録が残されるようになる。

このように、鎖国制下と開港期前後では外国人による行動はもとより、日本の描写が大きく変化していることがわかるであろう。すなわち、決められた海路や陸路に沿った「点」「線」から「面」へ、すなわち街道沿いの宿村から開港場、さらに開港場を中心に一〇里四方とされる周辺地域へ、また幕府によって作為的にみせられた誤りも含んだ日本の描写から生の日本の姿の描写へと大きく変化しているのである。さらに緻密な絵画や写真などビジュアルな記録が多く残されるようになり、日本への関心が非常に高くなっていく。

漂着船・渡来船と村人の対応

漂着船と村人

幕府による外国貿易・情報管理とは裏腹に、江戸時代初頭から密貿易が後を断たなかった。それはたびたび出される密貿易を禁止した法令をみても明らかである。唐船《とうせん》といわれる商取引を目的として来航した中国の商船が遭難し、長崎以外の海岸に着船し村民と品物の交換や交流をしたり、初めから抜荷《ぬけに》を目的として来航する場合もあった。

さらに朝鮮半島などの漁船が日本近海まで漁をしながら接近し、遭難して日本沿岸に漂着する場合も多くあった。逆に日本の漁民や船頭が漂流して異国の地に流れ着くこともあった。このように、管理体制の枠を越えた所でも、村人が異国人と接触する機会はまったくなかったわけではない。特に漁民や海付の村人はそんな機会が多かったのである。

特に日本海に面した村々は、大陸に面しているため、唐船や朝鮮の船が多く遭難し、近世初頭から幕末までの間に少なくとも三十数回もの異国船の漂着の記録がみられる（杉原隆「日中交渉史における山陰海岸の位置（一）」『山陰史談』一三）。

ここでは、島根県に残された、明暦三（一六五七）年の出雲大社《いずもたいしゃ》領杵築《きつき》浦に唐船が遭難し救助されたときの記録をみてみることにしよう。

明暦三年の漂着船

この記録は、出雲大社の上官（上級神主）佐草《さくさ》宮内自清《よりきよ》が記したものを後年その子孫である惟清《これきよ》が書き写した「杵築浦江唐船参候節問答之日記」と題された日記である。この史料から当時の異国船漂着時の様子をみてみることにしよう。

明暦三年八月八日朝、出雲大社領の杵築六ヵ村のひとつ仮宮《かりのみや》浦の釣舟二艘が七、八里沖へ漕ぎ出したところ、唐人六人が破船した船の板切れに乗って漂流しているのを発見した。唐人たちが助けを求めてきたので救助し、仮宮浦の拝殿に保護した。仮宮浦の肝煎《きもいり》太左衛門は、即座に出雲大社上官の長谷右兵衛・佐草宮内らにこの事実を伝えた。佐草は、筆談で問答し、彼らが明国福建省の商人であり、八月五日の大風で遭難したことを知る。

長谷と佐草の二人は、八月八日の午後二時ごろ、それらの事実を松江藩の役人に知らせている。

九日の朝、知らせをうけた郡奉行や代官らが現地に到着し、尋問が行われたが、その際、郡奉行は、佐草に唐人との通訳を申し付けた。佐草は筆談で、①乗船者六人の氏名、②いつ本国を出船したか、③船の積荷は何か、④「長崎旅店」の主人は誰か、⑤六人の宗旨は何か、⑥船の大きさや六人が乗っていた板の大きさ、などについて質問をしている。

また、佐草は、藩の役人が要求した質問以外に、明国の兵乱の状況や明国の現在の年号について個人的に質問をしている。明国の商人はその問いに対して、本国の皇帝が亡くなってから一三年がたっていること、鄭成功が勢力を挽回し、兵は五十余万、馬兵は三万で、毎日戦をしていること、明の年号は永暦であることを答えた。

明暦三年といえば、明が滅亡し清がそれにとってかわるという、東アジア情勢が大きく転換した時期であった。明滅亡後も復明運動を続けていた鄭成功の活躍を、この漂着した明の商人たちは伝えている。この東アジアの政治情勢の転換を一神主であった佐草宮内が強い関心をもって問いただしている点、このような内容の質問を藩の役人が行わず、佐草という神職が個人的にしている点が非常に興味深いところである。この時期、国際感覚に秀でた人材がこういう神主の中にいたということは注目すべきであろう。また、筆談ではあったが、佐草宮内の翻訳能力が藩の役人によって高く評価されているのも注目できる。佐草は得意の語学能力で唐人たちと筆談で会話し、漂着船の事実確認を行うと同時に、唐人たちを励まし、世話を行ったのである。

唐人は、自分たちの世話をしてくれた佐草・長谷両名に大変感謝し、両名の姓名を紙に書いてもらって懐にしまい、持ち帰ったという。唐人は、八月十日出発し、馬で平田まで行き、そこから船で松江に向ったとある。

その後の動きについては箇条書きで記載されている。まず、藩主から漂着船について江戸・大坂奉行所・長崎などへ飛脚で伝えられた。また、松江に呼び出されていた仮宮浦の肝煎・町年寄《まちどしより》、および異国船に遭遇した釣舟八人は、八月十三日に松江より帰された。助け船を出した八人は、助ける代償として品物を受取っていないかとの詮議が藩の役人よりあったという噂があったこと、小田浦に漂着した四人の唐人も同船のものであったらしいこと、鷺浦に十日朝漂着した唐船の帆柱の大きさや木の種類、さらに唐人一〇人に銀子一枚ずつ藩主より下されたこと、松江に逗留中は木綿の着物を三枚ずつ下されたこと、九月十三日に唐人一〇人は長崎に送られたが、それには物頭衆《ものがしらしゅう》二人と医者孤雲が同道したこと、などが記録されている。

また、この一件以外にも、唐人が大風で長門国三島にて遭難し、石州宅野浦へ八人、長州へ五、六十人が漂着し上陸した噂や、堀尾山城守が守護であったころに二回ほど唐船が漂着しており、一度目は慶長十一（一六〇六）年で鷺浦へ唐船が着岸し、このとき初めて出雲に喫煙が伝えられ、同十三年の春肥州長崎からたばこの種を杵築へ持ちかえり植えたこと、元和四（一六一八）年九月に曽修という唐人が蘇輝という唐人の船を盗み、石州温泉津《ゆのつ》から杵築赤塚浦まで逃げてやってきたこと、といった過去の漂着の記録を書き記している。

近世前期の対外意識

以上にみた日記からわかることは、ひとつは漂着などの予想外の来航でも、この当時から異国船についてはかなり迅速な対応ができていたということである。このことは、このような異国船の漂着がそれほど稀なことではなかったこと、藩の役人はもちろんのこと、最初に発見する村人もその情報の伝達の方法や対応を心得ていたことを示している。

また、まだ「鎖国」が完成してまもない明暦年間（一六五五—五八）には、朝鮮人や唐人に対して藩も村人も実に友好的であった点も指摘できる。

さらに、佐草宮内自清のような人物の存在である。佐草家は出雲大社の上級神主の家で、なかでも自清は、近世初期の大社神主の中でも優れた学者であり、その教養たるや、武士をしのぐものがあり、松江藩主の信任も篤かったという（山崎祐二「解説　佐草家と佐草家文書について」〔『名草神社三重塔と出雲大社』八鹿町教育委員会〕、『佐草家文書目録』島根県古代文化センター）。

藩の役人が、会話の能力もなく、内容も形式的な質問でしかなかったのに対して、佐草宮内自清は、筆談にしても会話ができ、当時の中国の政治情勢など海外情勢に高い関心をもっていた。彼は、個人的にも他の漂流船の情報を収集したり、たばこにみられるような外国文化の日本への影響などにも目を向け、唐人と親しく接するなど高い教養をもつ人物であった。

このように鎖国してまもないころ、日本の知識層はアジアや世界の動向に注意深く関心を持ち続けていたのであろう。

ところで、日本海沿岸なかんずく北九州を中心として展開する朝鮮通信使や唐人、さらに長崎におけるオランダなどに対する友好的にみえる対応も、太平洋沿岸に異国船が出没するようになると、厳しさを増してくる。次に、その変化の状況を黒船以前の対外意識の変化の問題としてみることにしよう。

黒船以前の対外意識の変化

享保期の異国船問題

幕府による抜荷取締り令

正徳から享保期になると、幕府の異国船に対する処置が厳しくなってくる。特に唐船については、貞享二（一六八五）年の貿易制限令以降抜荷《ぬけに》を目的とする不正な来航が相次ぎ、正徳四（一七一四）年には、取締の法令が沿岸部の諸大名に発令された。現在でも沿岸の村々の史料の中に多く残されている。また、正徳以降も同様の法令が頻発されていることは、全国各地での沿岸部における異国との交流が、幕府の禁令にもかかわらず幕府の目の届かないところで継続して行われていたことを物語っている。

享保二年（一七一七）四月、美保関（島根県）に唐船が停泊、同年五月に再来した。このように異国船の来航が頻繁になったことをうけて、享保三年に次のようなお触れが幕府から出されている。

領方へ唐船漂流候由此間も申し聞かされ候、重ねて漂流候は陸より大筒《おおづつ》を打せ申さるべく、尤《もっと》も鉄砲の玉確かに届き候程の間数を考え、打ち上げ申さるべく候、陸より打ちがたき場所に候わば、島などもこれ有べく候間、島より打たせ然るべく候、且《か》つ又唐人水汲みに船を寄せ候旨左様の節は、物蔭に人数を差し置き、唐人陸へ上げ候様致し置き、上がり候わば、召し捕らえの船を留め置き注進あるべく候、若し取り難き様にも候わば、右の船を相応の鉄砲にて打ち破り然るべく候（『川下村江異国船漂流一途　図面附』島根県松江図書館所蔵史籍記録原簿第六〇四八号、『松江市誌』、『新修　松江市誌』）

これによると、漂着した唐船は、大筒や鉄砲で打ち払え、唐人が水を汲みに上陸しようとしたときは召し捕らえよ、という内容のものであった。そして、同年五月十二日には、本格的に唐船警備体制が敷かれたのである。

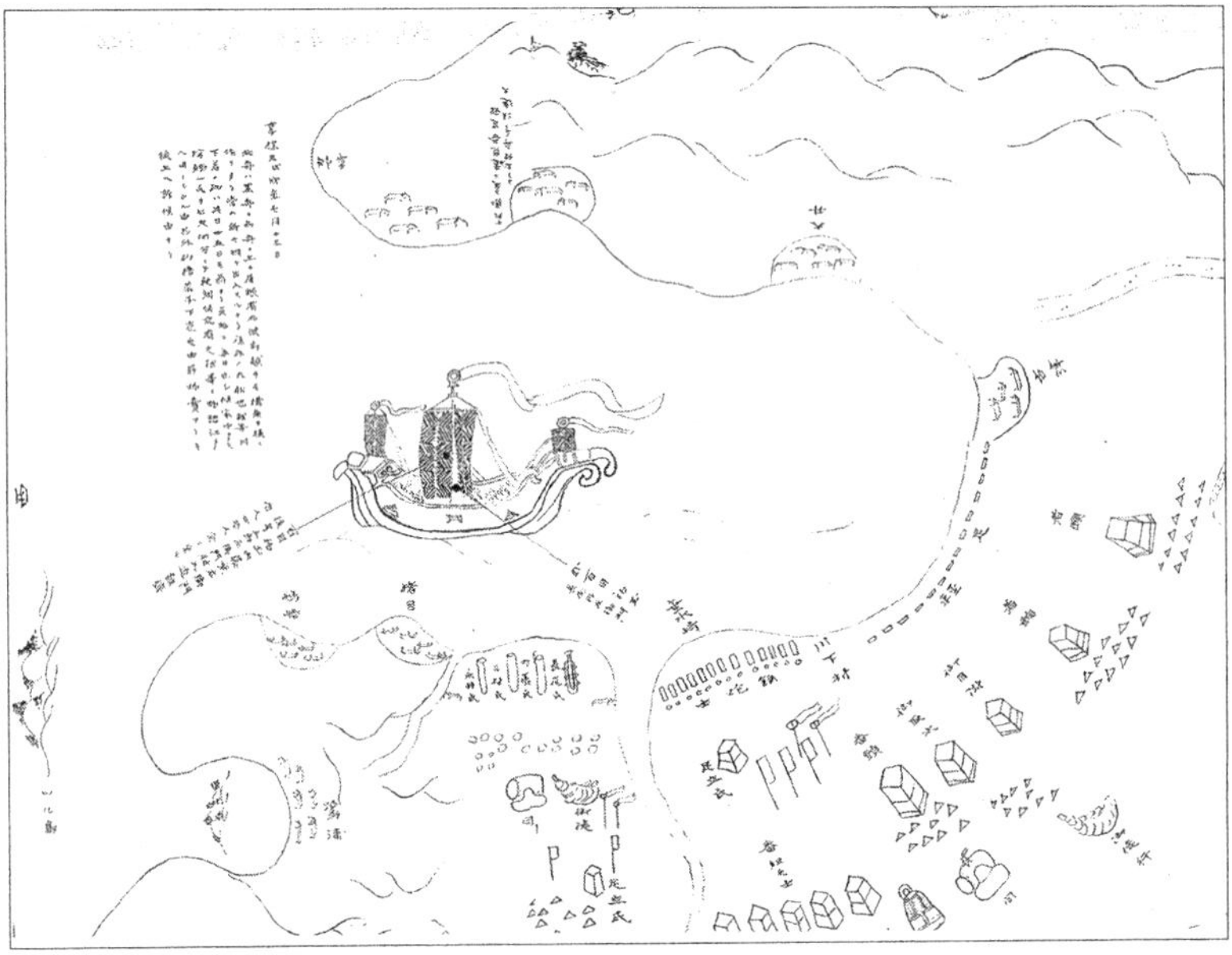

図８　享保２年異国船打払いの図（島根県立図書館所蔵）

では、このときに定められた警備体制はどのようなものであったのであろうか。

松江藩の唐船警備体制

①　郡奉行《こおりぶぎょう》一人、御代官《おだいかん》一人は、唐船漂流の注進を受けたときにすぐに現地に駆けつけ、諸事差図をする。もし、幕府の用事で手代《てだい》が出るか、あるいはそのほかの理由で出られない場合は、郡代《ぐんだい》か地方《じかた》役人を出す。

②　御用懸《ごようがかり》の中老《ちゅうろう》一人・御番頭《おばんとう》一人・御者頭《がしら》二人・御目付《おめつけ》一人・平士《へいし》五人で出陣する。これらのうち、御番頭・御者頭・御目付・平士は、火事番も兼ねているので、唐船御用で出かけている場合は、次のものが火事番をつとめる。もし、出火の時に唐船の注進がきたときは、次の火事番のものが唐船番に出る。

③　鉄砲の師役《しやく》一人、その弟子一三人が出陣する。四人の鉄砲の師役とその弟子は、組合を決め、十日、十五日、あるいは月交替で勤務する。大砲は四挺《ちょう》ずつ、異風は一三挺ずつ差し遣わす。発砲に際しては中老の差図をうける。

④　平士五人は、中老の差図で務《つと》める。中老の差図は御番頭から申し渡される。

⑤　御徒目付《おかちめつけ》二人、平御徒《ひらおかち》八人、足軽《あしがる》四〇人、杖突《つえつき》二人、百人者一〇人、小人三〇人は、その時々に申し渡される。

このように、異国船来航時における松江藩士の行動が細かく決められた。そして享保三年六月に出された幕府からの書状には、「唐船持渡の諸色抜荷仕り売買の者今以相止マズ不届に候」とあり、抜荷の取締りが主な目的であること、また唐船を海上で発見した場合には近寄らず、唐船の近くに停泊しないようにすること、もし近くに停泊した場合には罪に問われること、そのことを西国・北国を行き来する船持ちどもに周知させること、そして、外部に知られる前に領地内において詮議を遂げるべきことなどが申し渡された。

享保三（一七一八）年七月十一日、川下村に唐船が漂着したときにも、以上のような警備体制がとられた。

当時、松江藩の鉄砲の師役であった足立弥次兵衛《あだちやじへえ》の記録によると、十一日唐船漂着の知らせをうけて大筒が川下村に到着し、十三日唐船に打ちかけ、首尾良く唐船が去って行ったこと、また十四日になって、前日よりも大きい船がやってきたが十五日には見えなくなったことなどを記している。彼らの対応の良さが町方《まちかた》などで大変評判になり、御家老《ごかろう》連中からもお褒めの言葉をいただいたことなどが記されている。

この記載の中で注意を引くのは、「……御貸人人足相待ち候得共壱人も参り申さず候、夜に入り候故、御小人方へ御貸人事申し遣し候得共、御小人之れ無きに付、町日雇《まちひやとい》を雇い申す由にて埒明《らちあき》申さず……」「小人日雇共働かずわがまま致し候わば、叩き殺し申すべく候、我等差図致し候わば、五七人も打ち殺す覚悟に候」と、警備のために雇った日雇い人足が思うように集まらず、集まっても思うように働かなかった様子が窺えることである。

また、近隣の町人や村人も、唐船への攻撃の様子を傍らから興味をもって見ていたようで、「此段は向の十六島《うっぷるい》浦遠見番所御足軽、同所庄屋共参り咄《はな》し申し候」と唐船への攻撃の様子を見ていた番所の足軽や庄屋たちが話しに来たり、「首尾能《しゅびよき》段色々評判致し町方にて殊の外宜敷《よろしき》様に申候由、出入の町人共参り候て咄《はなし》申候、御国内とハ申しながら道法八里これあり候得共、十三日之晩方には早々聞え申候由承り申候」と、松江の城下町では早くから話題に上がっていたことなどが記されている。

このように、松江藩の事例でみるかぎり享保期の異国船への対応は、まだ藩士内部に留まり、人足も藩が雇った日雇いで賄う段階であり、村人や町人までも動員されることはなかった。雇われた人足たちにもまだ危機感はなかったのである。また打ち払いの目的も抜荷の防止が第一であったのであり、唐船への大筒による攻撃は、同時に国内の不正貿易の取り締まりのためでもあった。

また、打ち払いの様子を表した図の中に「此舟ハ黒舟ニ而《て》」とあり、当時黒船ということばは、単に船の色を表すもので、特別な意味で使用されていなかったこともわかる。このように、この時期においては、異国に対する危機意識はまだみられない。

少なくとも松江藩においては、村人や町人までも警備に動員されるようになり、本格的に「唐船番」の警備体制が整ったのは寛政期にはいってからのことである。このころから村方の対応マニュアルが作成され、人々の異国に対する意識にも変化があらわれたと考えられる。

危機意識の萌芽と海防の整備

寛政期の海防政策

安永七（一七七八）年ロシアが蝦夷地《えぞち》で通商要求をしてくるなど、日本をめぐる国際情勢に変化が生じるなか、田沼時代においては蝦夷地の開発計画やロシアとの貿易に関心が向けられていた。また、その一方では天明六（一七八六）年に著された林子平《はやししへい》の『海国兵談《かいこくへいだん》』にみられるような、海防の必要性を強く説く書物も成立している。

寛政四（一七九二）年ロシアが通商をもとめて蝦夷地根室に入港したのを機に、幕府はにわかに海防政策にのりだすことになる。特に、幕府の拠点である江戸湾は、蝦夷地や、もともと朝鮮や中国の船が頻繁に漂着する九州や日本海側と異なり、この時期の防備体制は皆無であったとされている（『神奈川県史』通史編三）。

日本海側でも、江戸時代前期から唐船の漂着や着岸があったものの、その対応は前述のように、きわめて冷静であり、ルールにのっとって対応されていた。正徳四（一七一四）年には異国船との海上での密貿易禁止の法令が出され、享保期には、唐船に対する武力行使もあったが、対応は藩士・足軽にとどまっていた。

しかし、ロシアの南下は状況を一変させた。老中松平定信《まつだいらさだのぶ》は、諸藩に海防の厳命を出すとともに、江戸湾や蝦夷地防備の具体的方策を積極的に推進したのである。松江藩や蝦夷地警備にかかわる松前・東北諸藩、江戸湾周辺を含めてみても、寛政期ごろから、一般の農民や漁民を巻き込む形で、じょじょに本格的な海防体制が敷かれることになる。まだ地域差がみられるものの、村人が直接異国船問題に巻き込まれはじめたという点で、寛政期は海防政策の上で大きな意味をもっている。

寛政期日本海沿岸諸村の異国船対応マニュアル

ところで、早くから海防体制をしいていた日本海側の松江藩においても、本格的に「唐船番」が整備されたのは寛政期以降のことであるとされている（『新修　松江市誌』）。

寛政五（一七九三）年、鵜峠《うど》浦・鷺《さぎ》浦・宇龍《うりゅう》浦・日御碕《ひのみさき》の庄屋《しょうや》・年《とし》

寄《より》などから松江藩に提出された「唐船御手当船配帳」には、唐船警備として総船数三三艘に乗り込む水主《かこ》らの割り当てが記されているが、ここに出てくる水主は、各浦々の村人であろうと思われる。さらに寛政十一年には領内一〇郡から六〇〇〇人を郷夫《ごうふ》として動員する計画もたてられている。当然内陸部の村人もその動員対象になっていた。

このように松江藩では、寛政期には村人が異国船警備要員として組織的に動員される計画がたてられていた。

また幕府が享和二（一八〇二）年日本海沿岸の幕領の村々に出したお触書（享和二年大浦湊「異国船渡来之節郡中浦々取締被仰出候　御ヶ条書小前一同請印帳」より）によると、

①浦々の廻船《かいせん》が万一沖合いで異国船と出くわしたら、何国の村方でもよいから漕ぎ寄せてその所に早速注進《ちゅうしん》すること。

②温泉津《ゆのつ》・大浦の両 湊《みなと》は大船も入津《にゅうしん》でき、郷田村・渡津村は大河の河口なので異国船が乗り入れるかもしれないので、居村はもちろん近浦々のものまで沖に注意し、また手狭の浦や漁業をしない村方や山岸荒磯であっても異国船が着船しないとも限らないので、「惣浦方のもの共昼夜心を用い遠見いたし」見なれない船が通過したらすぐに訴え出ること。

③海上は風向きによって遠くにいたと思った船がすぐに近くまで寄ってきたり、あるいは伝馬《てんま》船や鯨船の類で早船でやってきて、手まねで海底の深さなどを尋ねても、絶対答えてはいけないこと。どのような贈り物をされても、絶対受け取ってはいけない。もし、諸国交易の商船が、品物の交換などを求めてきても決してしてはならない。もちろん抜荷は禁止である。

④異国船は大船なので、上陸するために伝馬船で乗りつけ、浦方の小船を盗んだり、焼き払ったりするかもしれないので、もし、怪しい船を見たら、廻船漁船とも陸揚げし、囲い置き警固し、支配所内は遠近に限らず、御用以外では船で乗り出さないこと。

⑤朝鮮国の船は、最寄《もより》の浦々で救助し、速やかに大森役所に通達すること。面倒に思い、他の浦に譲るようなことは罪となること。

⑥唐船・阿蘭陀《オランダ》の商船が漂着した場合にも、救助し、速やかに、船表番所に届け、大森代官所に連絡し、差図をうけること。船には番船をつけておくこと。またみだりに唐人・阿蘭陀人へ応対しないこと。商船には近づかないようにし、一人も上陸させないこと。

⑦武具を備えた、あるいは人数が多く乗り組んでいる異船の堅船・黒船などはもちろん、

見なれない異形の船などは、助け船は出さないこと。浦繋ぎもさせないこと。万一近寄ってきたら、早々に番所に届け出、差図を請け、大森御役所に早急に注進すること。もし沖のほうに繋留《けいりゆう》したならば、浦人の内から人選して漁船を二艘出し、一艘に泳ぎが達者なものを三人ずつ乗船させ、漁業しているふりをして異船から五、六町ほど離れたところまで近づき漁業すること、もし、異国船が差し招くようであれば、一艘で近づき、さらに船に乗るようにいわれたら、三人のうち二人が乗り、一人は船に残ること。船の中で品物を渡すようであれば、一応は辞退し、再び言ってきたら受け取ること。国地嶮易のあらましを尋ねられたら、全く知らないといいつつ、船中の様子をよく観察すること。何か申し含めるような格好をしたら、承知したようにいって、他の仲間にも言いにゆくふりをして、船にもどり、早船にて立ち戻り、早急に委細を報告すること。

⑧もし異国船に乗り移った漁人を差し止めて帰さない場合には、番人などに持参した品物を時をみはからって渡し、いつまでもいるふりをして、油断させておいて夜の内に海に潜り、あるいは泳いで類船に乗り移り帰ること。この場合、乗ってきた漁船を異船に漕ぎ寄せて残っていた浦人を乗船させると、大筒にて打ちとめられる可能性もあ

るので、様子をみて泳いで類船に乗り移り、立ち戻ること。

⑨御用船を申しつけた場合には、差図した場所にすぐに乗りつけること。

⑩船頭・水主・浦人どもは、御用の節には呼び出すので、差図された場所に差し出すこと。廻船は、船持ち一〇軒に水主一人ずつ、漁船は、浦人一〇人につき一人ずつ、交代で出すこと。

とあり、幕府は日本海沿岸の村人、特に船頭・水主・漁民などに対して実に細かい指示を出していたことがわかる。また、朝鮮の船・唐船・オランダ船以外の異国船の来航も想定した上での警備体制であるところが享保期と大きな違いである。

関東漁民と海防

ところで、海で異国船に最初に出くわす可能性が最も高いのは、日常的に海を生業《なりわい》の場とする漁民たちであった。漁民たちは可動性や組織力が高く、幕府がその海防政策の中に積極的に漁民を取り込もうとしていたことは、容易に想像できる。

太平洋に面した房総半島・伊豆半島・三浦半島の沿岸村々にしても、日本海に面した松江藩の沿岸村々にしても、海付の村の村人たちは、早くから沿岸防備に動員され、情報の提供や伝達はもちろんのこと、村人みずから水主として出動し、そのための道具である船や漁労技術さえも提供してきた。

千葉県安房郡の醍醐新兵衛家は、勝山村の名主《なぬし》の家柄で享和のころ大名主となったとされ、以後江戸時代を通じて大名主格・名主格・名字帯刀御免《みょうじたいとうごめん》・御徒《おかち》歩格で遇されていた、捕鯨に従事する家であった。

この醍醐家の定昌《さだまさ》は、享和二（一八〇二）年に、近隣の竜島村池貝庄右衛門《いけがいしょうえもん》・岩井袋村野島忠兵衛《のじまちゅうべえ》・庄左衛門の三人とともに蝦夷地へと向っている。これは、この年幕府が蝦夷地警備のため箱館奉行《ぶぎょう》を設置し士卒《しそつ》を増強したが、それだけでは頻繁に来航するアメリカやロシアの船に抗しがたく海防が十分にできない。そこで、漁民を蝦夷地に移住させ、常時沿岸を警備させるとともに、蝦夷地の漁場を開拓させ、資源の確保を狙おうという一石二鳥を狙った政策によるものであった。

そのために気鋭に富んだ勇気ある漁民が選ばれ、醍醐家もその一人として蝦夷地へと向い、捕鯨の漁場の開拓に努めた。

それから約五〇年後の嘉永期、ふたたび箱館奉行から醍醐家に蝦夷地漁業視察の命令が出て、醍醐定輯《さだむつ》は数名をひきつれ蝦夷地に渡り捕鯨の漁場の開拓に尽力した。漁場の開拓は簡単にはいかなかったが、その間魚油・鯨蠟《げいろう》の生産にも従事した。

その後文久三（一八六三）年に、勝山藩は醍醐家をふたたび蝦夷地にやり、灯油の生産をふやすように命じた。しかし醍醐定固《さだかた》は、蝦夷地を視察し樺太沿岸漁業の開拓を目指したが十分な成果を上げられなかったと言われている（『鋸南町史』）。

ともかくも、このように、房総勝山の漁民が幕府の蝦夷地政策に積極的に関わりをもっていったのは、藩の命令とはいえ、漁民の必ずしも土地に縛られない、漁場の開拓といった積極進取の気性によるものであり、それが同時に幕府によって北の防衛、資源開発、異国船情報の収集と提供に大いに活用されたといえるのであろう。

内陸の異国船情報

山林地主の『海陸異変記録』

これまでみたような海付きの村ではなく、内陸部の村々へは、いつごろ、どのように異国船情報がはいってきたのであろうか。

まずは松江藩領内（現在の島根県）の山間部である奥出雲《いずも》に居住する山林地主でたたら師でもあった田部《たなべ》長右衛門家に伝わる『海陸異変記録』（島根県立図書館所蔵）から見ることにしよう。この記録は、天明から寛政期にかけてこの地方で起こった海上と陸上の「異変」を記録した風説書に類するものであり、この時期すでに山間部の村人が自分たちの生活と必ずしも直接関係のない海上の事件を「異変」と感じていたことを物語っている。

この記録のなかで、「海の異変」としてあげられているものは、辰閏正月（天明四〔一七八四〕年）神門《かんど》郡外園《そとぞの》浦への異国船の漂着、子二月十七日楯縫《たてぬい》郡古井津《こいつ》浦へ鯨が流れ寄った事件、寛政二（一七九〇）年戌八月丹波《たんば》国加佐郡由良船頭久右衛門船が菅浦《すがうら》北浦境灘で難破した事件、寛政六年寅七月九州日向《ひゅうが》国児湯《こゆ》郡加口浦の船が福浦元宮下灘で遭難した事件などであった。

また「陸の異変」としては、出雲郡氷室村曽木大明神境内での男女の心中事件、長門《ながと》国や石見《いわみ》国・備後《びんご》国・但馬《たじま》国といった近隣の国から領内にきた旅人が、西国《さいごく》巡礼や伊勢参宮の途中で病に倒れたり死亡し故郷に帰される事件、飯石《いいし》郡尾崎村喜兵衛の娘れつが洪水の山崩れのため死亡した事件、美作《みまさか》国の流浪人の件、首吊りや変死事件などである。

このように、鯨の漂着や船の遭難、村人の心中事件、伊勢参宮や西国巡礼の途中での行き倒れ事件、首吊り事件など、海や陸の社会的諸事件があまり情報が伝わるとは思えない山間部の村人にとっても興味をもたれる事件であったことを物語っている。こうした情報の中に異国船の漂着情報が入っていることに驚かされる。後に見るように幕府は享和期に異国船についての噂話を禁じた法令を出しているが、その背景には、異国船についての情報が口コミで内陸部にまで「異変」として伝わっていた事実を知ることができる。それは、幕府が社会不安の重要な要因として異国船情報の伝播に関心を持ってきたことを物語っている。

しかし、天明四年の異国船漂着一件では、異国船が朝鮮国の船であったこともあり、山奥の村人にとっては、まだ船の遭難、海難救助と大差はなく、異国人への敵意は感ぜられない。また、たとえば以前異国船が漂着した時に、異国人の荷物の監督役を往来方の川上《かわかみ》幾右衛門《いくえもん》という人物がやったが、今回は往来方からは人は来ないので文平という人物が行うことになった、とか「異国船漕船の儀先格ハ五艘差出《さしだし》壱艘に水主《かこ》三人宛と相見候えども……」とあるように、藩でも異国船への対応の先例があり、それに照らし合わせて対応していた様子が窺えるだけである。

しかしそれにしても、山奥に居住する村落上層民の耳にも、異国船にかんする情報がこの段階からはいっており、また彼らが興味をもって記録していたという事実は、後に異国船が内憂・外患という二百余年続いた江戸時代の危機をもたらす内在的要因として存在していたことに注目すべきであろう。

先にみたように、松江藩では寛政期には本格的な唐船警備体制が敷かれることとなり、一般の村人もじょじょに異国船問題にまきこまれはじめる。異国船問題と社会の変化がすでにこの時期に「異変」としてとらえられ、時代の転機がきているという認識がもたれはじめていたということができよう。

異国船をめぐる異変と危機

ところで、田部家に伝わる『海陸異変記録』では、異国船にかかわる事件は諸々の社会的事件のひとつとして関心をもたれていたにすぎないが、後に見る大久保家の黒船に対する関心は、明らかに対外危機の問題として認識されている。その違いは、どこから来るのであろうか。

たしかに大久保家に収集された黒船に関する情報が、幕府の規制を越えて全国的な広がりを見せる嘉永期以降であったこと、しかもそれまでみたことない巨大な欧米の船であったことが、重要な要因であったことはいうまでもない。

しかし、大久保家は天正年間に出羽国から下総国結城郡菅谷村の地に移り、この地の開拓の祖となった豪農であり、海とは直接かかわりのない生き方をしてきた。したがって、大久保家の示した異国船情報に関する関心が危機意識をもって受け止められていたことは、黒船情報の質とそれを時局の変化として受け止める社会状況が背景にあったからであり、同じ内陸部の村でありながら、もともと漂着船や抜荷を目的とする船の来航が多い日本海側の、田部家のある島根の内陸部の村と、寛政期以降ようやく海付きの村々から異国を意識しはじめ、嘉永期以降急激に異国船問題に巻き込まれていく将軍のお膝元に近い関東の内陸部の村との質の違いを示すものであろう。そのことは、幕末の幕府・諸藩の動向、政治情勢とのかかわりの中で黒船情報が収集されていることや、長崎はともかく、日本海側のアジアの船の漂着や抜荷を含めた異国船の動向に関する情報はほとんどみられないという、大久保家の異国船情報、黒船情報の収集の仕方、集まり方にもあらわれている。それは、大久保家が自分にとっての危機意識にかかわる情報のみを収集していることを物語っている。

このように、同じ日本の中においても、海付の村と内陸の村、日本海側と太平洋側では、アジアも含めた世界史との出会い方、かかわり方は一様ではなかったと思われる。

黒船来航と幕藩権力の対応

幕府の民衆への情報操作

異国船の噂話の禁止

鎖国体制のもとで、幕府は外国についての情報を独占的に所有しようとすると同時に、民衆への情報をコントロールしようとした。また、異国船と出合うことの多い、海付きの村々には、特に注意を促し、情報をもらさないように指示した。たとえば、寛政三（一七九一）年の幕府法令をみると、「……異国の者は宗門の所も相分らざる儀ニ付、番人の外は見物等をも禁ぜらるべく候……」（『御触書天保集成　下』寛政三亥年九月）とあり、異国のものは宗門もわからないので、番人以外のものは、来航した異国船の見物を禁止されている。

また先に見た享和二（一八〇二）年の幕府法令には、「右の条々浦々小前末々迄洩れざる様兼て心得として置き申すべく候、若注進遅滞に及び候か違背の事之れ有るにおいては、厳敷咎申付候間心得違これ無様申し渡すべく候、勿論異船等極て漂着致べくと申す事も之れ無く候間、異説等いたし物騒敷も之れ無様、穏に申し含むべく候、兼て心得の義申渡候に付、万一他領のものハ勿論海邊附に之れ無き村々のものへ親類縁者たりとも猥に他言いたし又は品々雑説等致候もの之れ有るにおいては、先々より相糺し急度申付候條其旨相示シ、心得違之れ無き様申し渡し小前印形取置堅く相守るべきもの也」とあり、異国船を浦々でみかけた場合の報告義務のほかに、みだりに物騒がましい噂話などをせず穏やかに対処すべきこと、また万一異国船が漂着した場合に、他領のものや海付でない村々のものへ、たとえ親類縁者であってもみだりに他言をしてはいけないことを命じていた。すくなくとも寛政から享和にかけては、異国船問題は一般にはまだ極秘にすべき問題であったようである。

民衆心理のコントロール

さらに、文政七（一八二四）年に南町奉行筒井伊賀守が老中大久保加賀守へ提出した海防に関する意見書をみると、町奉行では、すでに武家の負担を軽減するために、海防上それほど重要でない場所の日常警備には村民を利用し、「……唯々平日異国人と申者ハ人ヲ欺キ人ヲ侮リ悪むべき者と申儀能々申諭百姓町人共迄異国人憎ミ日本之恥辱ヲ取間敷と中心ヲ生ジ候様教候て」と海防の補助に村人を利用しようと考えていたことが記されている。異国人を悪人と思い込ませれば村人が彼らを憎み海防の役にたつであろうといっている点は、幕府による情報操作の意図を良くあらわしている。

以上のように、幕府や諸藩は民衆心理を情報によってコントロールしようとしていたのである。幕府がどのように情報を流し、異国船や異国人・異国に関する情報がどのように一般の人々に伝わり、広まっていったのか。また幕府の情報操作が人々の意識形成にどのような影響を与えたのか。このあたりの検討が重要なポイントとなろう。

幕府・諸藩の地域情報収集政策

化政期江戸湾の異国船対応マニュアル

寛政期からすでに村人も海防に巻き込まれつつあり、文化四（一八〇七）年にはロシア船の打ち払い令が出るなど、北の防衛も強化された。海防では遅れをとっていた江戸湾でも、文化七年から陸奥白河藩が上総・安房郡を、会津藩が相模・三浦郡の警備にあたることになった。

相模国の警備を任された会津藩が、文化九年に領内の村々に出した異国船渡来時の動員方式について出した触れによると（『神奈川県史』通史編3）、

①異国船を発見したら、まず村順を定めて触継で知らせる。

②知らせをうけた村は、触継の使を四、五人出し、前後左右の村に通達する。

③知らせをうけた村名主は、撞鐘《どうしょう》あるいは盤木《ばんぎ》・拍子木《ひょうしぎ》などを二つ拍子に打ち、これを合図に村人・船頭・水主《かこ》は、船・人足の用意をして待機する。
④次に出動の触継がきたら、村ごとに早鐘《はやがね》・盤木・拍子木を打ち、村人は名主宅に集合し、村役人を先頭に、村の目印をたてて、あらかじめきめてある集合場所に集まる。村の目印は、村名を書いた旗か、高張提灯《たかはりじょうちん》を用いる。
⑤集合した村民は、番船の船頭や水主、兵器・食料の輸送、焚出し、賄人足《まかないにんそく》として働く。
⑥集まる村人は、村中の壮健なものを選び、人柄もよく吟味すること。村からの推薦者を役所で面接した上で、主人となる藩士に面会させ、主従の誓いをして、飲食もともにし日頃から親しくしておくこと。
⑦出動した場合は相応の給金を与え、用具などもすべて主人方から貸与すること。
⑧村民動員を三段階に分け、状況をみて出動すること。
⑨村民のうち十五歳から六十歳までの屈強な男性を選び「駈付《かけつけ》人足帳」を作成して提出させる。

とあり、村人の出動の心得が細かく示されている。これをみても、江戸湾の海防は村人の動員が前提になっていたことがわかる。

さらに、会津藩・浦賀奉行についで三浦半島の警備についた川越藩は、文政四（一八二一）年以降地元の漁村の有力な名主を「浦々船水主差配」「一代苗字差免・二人扶持《ぶち》」などに任命し、漁民動員体制の要とした。彼らは、これによって地域における地位と村内での発言権を高めたといわれる（『逗子市史』通史編）。

こうして、沿岸部の漁民を軸に地元民を組み込みながら、海防体制は整備されていったのである。

文政八年異国船打払令と九十九里浜

文化五（一八〇八）年のフェートン号事件、文政七（一八二四）年に相次ぐイギリス人の常陸《ひたち》国・薩摩《さつま》国の上陸事件など、文化から文政期にかけてイギリス船が日本近海に頻繁に出没し、事件を起こしたことにより、文政八（一八二五）年二月幕府は、文化四年令をさらに強化した異国船打払令を出した。この異国船打払令は、幕藩制国家の新たな編成原理が対外危機に対処するために模索されはじめた、またこれ以後幕藩制国家が解体過程をたどることになる重要な画期と位置づけられている（藤田覚「海防論と東アジア―対外危機と幕藩制国家」『講座日本近世史』7）。

この異国船打払令を契機として、沿岸部の村々から異国船発見情報が相次いで伝達されており、この法令が地域とくに海付きの村々に大きな影響を与えたことを知ることができる。ここでは、関東の九十九里浜の事例でみてみよう。

九十九里浜は、南北両町奉行配下の与力《よりき》の給知が多く設定されていた地域である。与力は町奉行を頭として、南北各組に二五人ずつ抱えられており禄高約二〇〇石を与えられていた。この禄高を支給するために上総《かずさ》・下総《しもうさ》の両国には約一万石の給知が設定されていた。

与力給知では毎年交替で与力の中から給知定世話番が南北両組から二人ずつ選ばれ、江戸で年貢の収取、取締り、お触れの伝達、など給知の事務・管理を行っていた。一方村の側では、上層民の中より南北各組三人から五人を選び、給知差配役という士分を与え、在地代官としての職務を行わせていた。後にみるように、異国船発見情報の伝達は、この支配構造を生かし、実に迅速に行われたのである。文政八年三月には、与力給知沿岸数ヵ村において異国船通過の報告があり、即座に村々から町奉行や老中まで通達されている。

その後は村方主導の沿岸警備体制の充実がはかられ、文政十一年には村民の中から海防差配役が数名任命されている。この海防差配役の設置は、異国船情報をいち早くキャッチし対応するための、幕府による情報の集中化政策の一環であったと考えられる。この役職には、地域情報を握る新しいタイプの村落上層民が任命されたことは、のちにみる小倉伝兵衛の事例からも明らかである。

天保期の地域政策と情報伝達の混乱

天保十一（一八四〇）年阿片《アヘン》戦争によるイギリスの勝利が伝えられると、幕府は外国との衝突を回避するために文化三年令を復活させ、薪水《しんすい》給与令を出した。

一方天保十三年には、相模・安房・上総国御備場《おそなえば》御用として川越藩と忍《おし》藩が任命され、江戸湾の海防強化が試みられた。また、房総半島では佐倉藩・久留里《くるり》藩も応援として備えていた。九十九里浜においても、異国船の帆影が見えたり、出漁中沖合で発見した場合には最寄の御備場に通達すること、通達を怠った場合には罪になることなどを約束した誓約書が小関村・片貝村・粟生《あお》村・細屋敷村・宿村の名主・組頭・百姓代と、各村の地曳網主・小漁船主たちから、給知差配役に提出されている。これは所領関係が錯綜することによる連絡の不徹底をさけるために出されたもので、漁民から直接最寄の御備場大名に連絡することによって、異国船情報の連絡網の一元化を目論《もくろ》んだものであった。

さらに弘化二（一八四五）年三月中旬江戸湾の防備体制の重点が西海岸のみでなく東海岸にも置かれるようになり、四月には九十九里浦取締役二五人が代官高木清左衛門より任命された。この九十九里浦取締役二五人は、支配関係が錯綜している九十九里浜において、万一異国船が現れた場合に、その発見情報をすぐに代官支配役所・私領役所・最寄の御備場大名などに連絡し、連絡をうけた役所がすぐに代官・手付《てつけ》・手代《てだい》を派遣できるようにするために設置された役職である。天領・私領にかかわらず組合をつくり、一組合で二、三人ずつ村役人や重立百姓の中から人物を選抜し、取締役に任命した。

しかし、この役職の設置によって、伝達経路はかえって混乱した。たとえば、九十九里浦取締役二五人から代官高木清左衛門に宛てて出された弘化二年四月十九日の伺《うかがいしょ》書では、異国船を発見した時の連絡方法について「当御役所限り御注進仕るべく候や、且又御両家様へも同様御注進申上ぐべく候や」と問い合わせているのである。

これに対する代官の返答は、二十一日の段階では、異国船発見時には、代官御役所と堀田備中守《びっちゅうのかみ》・黒田豊前守《ぶぜんのかみ》居城に即座に連絡し、松平駿河守《するがのかみ》持場あたりは、御備場最寄へ村継ぎで注進《ちゅうしん》せよということであった。しかし、後に二十七日になって、代官所から、注進の件は代官所にのみ申し立てれば、代官所から堀田備中守・黒田豊前守へ通達するという申し渡しがあり、この時期幕府側も、情報伝達の方法に混乱がみられた。また与力給知の粟生村英助は、「私ども儀は一応地頭所へ相届ケ、御下知次第申し上げ奉るべく候間、御猶予成し下されたく」と、まず直接の領主に届けて命令が下りしだい連絡するので、すこし時間がほしいと伺いをたてている。また、旧来の海防差配役との摩擦が生じ、海防差配役と九十九里浦取締役とが同じ人物に任命されていた場合には問題はなかったのであるが、九十九里浦取締役が異なっていた粟生村・貝塚村の海防差配役からは苦情が提出されている。

一方、九十九里浦取締役は、任命はされたものの、領主支配を超えた海岸取締に関してそれなりの身分がないと大勢を差配することはできないので、それなりの身分を与えてほしいことなどを要求し、実質的な役割を果たせないでいたことがわかる。

これらのことからもわかるように、命令系統が単一ではなかったこともあって幕府は村方情報の収集に非常に苦労し、九十九里浦取締役などの新しい役職の設置などいろいろ策を講じたものの、地域の事情を無視した一方的な任命であったため、結局は混乱を招いただけであったようである。

天保十四（一八四三）年の上知令《あげちれい》はその目的のひとつとして江戸周辺の入り組み支配を是正し、一円天領《てんりょう》とし、江戸周辺の支配強化を目論んだものであったが、失敗に終わっている。このことは海防問題も含めて幕府による地域情報収集の一本化政策の失敗をも意味するのであろう。

地域の情報収集は、地域に形成された情報網を掌握することによって可能となる。しかし支配関係の錯綜する江戸周辺地域においては、それができるのは幕府や藩の役人ではなく、地域に生活する人々であり、かつ地域の要となる家や人物である。このような人物をいかに掌握し、すくいあげてうまく編成していくかが重要となるが、幕府はそれもうまくできなかったのであろう。このように幕府は地域情報の収集能力の欠如という弱点を露呈したのである。

松江藩の対応マニュアル

一方早くから海岸警備が進んでいた松江藩では、文政期にはいって寛政期以来の異国警備体制の引き締めが行われている。文政二年卯十月「唐船番郷夫割符帳」（島根県立図書館所蔵古文書原簿第二九三五号）によると、

①「唐船番」の郷夫は、寛政十一年に領内一〇郡から総数六〇〇〇人を、村ごとに宗門改百姓人高に応じて配分することになっていたが、文政十一年八月に惣人高四五〇〇人に改められた。これを領内の一〇郡にそれぞれ割り振って、神門《かんど》郡から一〇八一人、飯石《いいし》郡から三〇五人、意宇《おう》郡から五九一人、能義《のぎ》郡から二五二人、仁多《にた》郡から三〇五人、大原郡から五〇五人、島根郡から四七六人、秋鹿《あいか》郡から二四六人、楯縫《たてぬい》郡から四

三七人、出雲郡から三〇二人とし、健康なものを選んで、帳面にしたため置き、繰りだしの際には、差図に従って、竹貝で村役人より知らせる手配にしておき、その知らせを受けた人夫らは、すぐに蓑笠《みのがさ》・足袋《たび》などを取り揃え、庄屋所に集合することとした。

②また、集合方法についても詳細がきめられた。庄屋は「何郡・何村庄屋」と書いた幟《のぼり》を立て、人夫を連れて松江に罷《まか》り出て、それぞれ所定の場所に集合する。到着したら郡の大惣代である下郡のもとに三、四人任命されている小惣代である与頭《くみがしら》にその旨を告げ、与頭より二の丸柵御門外に詰めている郷足軽に何郡何村郷夫何十人到着したのかの届け出を提出する。与頭は、郡奉行から差図がありしだい村々へ知らせを出す。

③郷夫の松江の集合場所もあらかじめ決められ、飯石郡は乃木《のぎ》浜、意宇郡は伊勢宮境内、能義郡は天神境内、仁多郡は津田御馬場《ばば》、大原郡は天神関貫広場、島根郡は赤崎惣門内、秋鹿郡は土手《どて》関貫広場、出雲郡は愛宕《あたご》下広場、楯縫郡は堂形《どうがた》と決められた。郷夫は二五人一組とし、肝煎《きもいり》として組親を一人ずつ差し加へ、責任者とした。郷夫は、一組か二組、あるいは東西に組みを分け、年番を決めておき、人別に請け印を取っておくこと。繰出しの際に途中から逃走するものは欠落とみなすこととした。

④万一焚出しが必要になった場合には、飯石郡郷夫は大原郡下分村、仁多郡郷夫は、大原郡大東町にて焚出しをうけること。諸郡郷夫・猟師威新規鉄砲持ち主・与頭・庄屋などの松江での兵糧の焚出しは、松江白潟・末次両町の郷夫の集合場所である酒屋でうけること。酒屋の門口に何郡人夫焚出し所という幟を立て、夜は提灯を立てておくので、それを目印に村役人が掛け合って兵糧《ひょうろう》を受け取りにくること。

⑤人夫が繰り出されることになったら、その郡の猟師は威《おどし》鉄砲《てつぽう》・新規鉄砲持ち主ともに股引・脚半《きゃはん》にて鉄砲、有り合わせの玉薬、鋳形鋳鍋ともに取り揃え御鷹部屋に集合すること。

⑥人夫の手配については、毎年御条目《じょうもく》を申し渡す時に厳重に申し渡し、人別に請書をとっておくこと。

などが、松江藩から各村々に言い渡された。

このように、文政期の取り決めは寛政期の規模を縮小するものであったが、より実質的な数字となったのであろう。この藩の触れは、郡ごとに郡の代表である下郡、そのもとで三、四人で数ヵ村を取りまとめる与頭らを介してそれぞれの村々に通達された。

大原郡の事例をみてみると、同年十月二十三日に大原郡の下郡太郎左衛門・与頭太郎左衛門・小左衛門・市郎右衛門から同郡の一三町村の庄屋にあてて村継ぎで伝達されている。それには、ほぼ藩命に添った指示がなされ、大原郡の村々を東西二組に分け、西組二三ヵ村の村人四八五人と肝煎組親二〇人合わせて五〇五人、東組三九村の村人四八二人と肝煎組親二三人合わせて五〇五人の郷夫が、それぞれの組合に割り振られた。そして東西一年交替で郷夫を出すこと、いつでも出陣できるようにすること、郷夫手配については、毎年御条目を申し渡すさいに厳重に申し渡し、人別に請書《うけしょ》をとって差し出すことなどが決められている。

このような体勢の整備によって、松江藩では異国船到来時の情報伝達は、迅速に行われていたと考えられる。

たとえば、嘉永二（一八四九）年二月に異国船が隠岐《おき》に出没・通過したときの記録をみると（「両島異国船到来之節書付」）、二十三日卯敷村（昼二時ごろ）、布施村、西村（午前八時ごろ）、湊村、中村（午後四時ごろ）、元産村、伊後村（午後十二時）、飯美村（午後十二時）、中村、北方村（午後十二時）、代村（午後一時ごろ）、久見村、南方村之内福浦村といった数ヵ村から迅速に報告が出されているのである。これは日頃から村々において「遠《とお》見《み》」という警備役が海上警備にあたっていたことを物語っている。

嘉永期の対応

嘉永期になると沿岸村々は緊迫した状況になる。後にみるように伊豆半島から房総半島にかけての関東沿岸の村々は沿岸警備はもちろん御備場に必要な軍需物資の調達、情報伝達にいたるまで、多忙を極め経済的負担も大きかった。日本海沿岸においても、幕府から村々に対して異国船への対応がさらに細かく指示される。嘉永七（一八五四）年寅二月には、幕府より、「異国船渡来之節郡中浦々取締被仰出候御ヶ條書」が出され、享和二（一八〇二）年に出されたお触れを改訂した、浦々の取締、情報の伝達について詳細なお触れが出された。ここでは、沿岸村々のみでなく、内陸部の村々に対する条項が増え、大森代官所へ松江、広島、浜田各藩より藩士が出動してくる場合の村々心得方など、支配領域をこえた取り決めが新たに付け加わった。

①異国船を発見したら、その場所、船の向き、大きさ、帆の様子、船の数などを見たてしだい報告すること。

②出張役人が通行する道筋の村で、馬を所持しているものは乗馬にしたてて道筋に引き出しておくこと。

③浦々の船持ち・漁師が沖合いで異国船を発見したならば、早々に帰帆《きはん》し、注進すること。御用船を申しつける場合もあるので、船具を取り揃え、船頭等は浦役人宅へ集合

し、出張役人の差図をうけること。

④松江・広島・浜田より人数が出張する場合、その道筋や固めの場所にあたる村浦の寺社・百姓家で宿陣する場合もあること。また、野陣の場合、陣小屋で使用する竹木などは村役人から渡すこと。

⑤兵士の食糧は全部準備してきているが、万一不足する場合には、差支えないように取り計らうこと。渡船の場所は前後申し合わせ遅滞なく渡すこと。

⑥村々の猟師は、持っている鉄砲・玉薬を取り揃え、村役人が付き添って浦方に出て差図をうけること。

⑦郷田村から島津屋までの駈け付け人足のもつ竹木などを最寄の村から差し出すこと。

⑧兵糧・蠟燭・薪などは最寄次第に早々に差し出すこと。蠟燭は、大森町大田町で有り合わせの分を取り集め、そのほか海付の最寄の村々からも差し出すこと。

⑨最寄村々より駈け付けた人足は、村役人が付き添って早々に海岸に集合し、出張役人に報告すること。

⑩広島（→八色石→川本→祖式→大森）・松江（→波根東→大田→久利→大森）・浜田（→郷田→渡津→浅利→黒松→福光下→西田→大森）三領から大森までやってくる人数の道筋

と、道筋にあたる村々の役人は待機し差支えがないように案内をすること。

⑪広島浜田人数出張の時は、郷田村・川本村渡船場は、船橋を掛け渡すつもりなので、隣村村々に申し合わせて最寄の渡船漁船の集め方などをあらかじめ申し合わせておくこと。

⑫竹束土俵等も場合によっては差出を命ずるかもしれないので、あらかじめ差支えないように心がけておくこと。

以上の内容で、嘉永七年二月二十一日大森御役所から配下の村々（仁万村・宅野村・磯竹村・静間村・鳥井村・鳥越村・刺賀村・波根西村・波根東村・朝倉村・仙山村）庄屋・頭百姓らにあてて、お触れが回っている。おそらくこのお触れは、三藩の出張ルートにあたる村々全部に回されたと思われる。

以上にみたように、この段階になると、日本海沿岸でも幕府は諸藩を動員し、沿岸警備を強化していた。また、幕府や藩の命令によって、異国船来航時の村民の行動が領域をこえて、沿岸村々はもとより内陸部の村々に対してもことこまかに決められたのである。これによって、藩や領民にかかる負担はさらに大きくなっていったと考えられる。と同時に、村人の対外的危機意識も、より深く広く内陸部にまで広まったとみるべきであろう。

開港期の事件と情報

外国人の遊歩と警備強化

黒船の来航は人々に外国に対する大きな意識変化を与えたが、安政五（一八五八）年の開港以後は、さらにそれが身近な現実の問題となって現れてきた。日米修好通商条約により、箱館・神奈川・長崎・新潟・兵庫が開港場に決められたが、そのうち、神奈川は幕府側の意向によって横浜に変更された。この開港場横浜から十里四方の内は外国人は遊歩を認められており、したがって、開港以前と以後では、開港場を中心として外国人の日本国内における行動半径は飛躍的に広がり、一般の村人が外国人に出会う機会も増大したのである。それにともなって、外国人に関する事件も多発することになり、開港場周辺の治安維持の強化がはかられた。

田代村大矢家の御用留

現在の神奈川県愛甲《あいこう》郡愛川《あいかわ》町にあたる田代《たしろ》村の大矢家に残された御用留には、幕末維新期の犯罪人を手配した人相書が多く記録されている。人相書の発給者は幕府のほか、関東取締出役や神奈川奉行支配下の役人などであり、その人相書は、宿場の問屋や組合村の総代を介して、村々に即座に手配されたのである。

この人相書を整理してみると、犯罪の内容や容疑者の出身地・氏名などがわかる。開港以降みられる犯罪内容の大きな特徴は、手配される犯罪人や被害者の中に外国人が登場してくることである。これは、開港以降、外国人が自由に行動できる範囲が拡大したこととも関係する。

外国人による犯罪の多くは逃亡である。安政五（一八五八）年下田に停泊中のアメリカ船から逃亡した四人については、厚木の寄場役人から組合村々に人相書が回されている。また翌年アメリカ人の召使と清国人が神奈川宿本陣を出立したまま出奔《しゅっぽん》した事件は、関東取締出役から探索願いが出され、茶屋・旅籠《はたご》屋・渡船場をはじめ組合村々に手配書が回された。万延元（一八六〇）年にはアメリカ人が商館から出奔し、神奈川奉行支配市在取締出役から手配書が回り、厚木寄場役人を介して人相書が伝達されている。

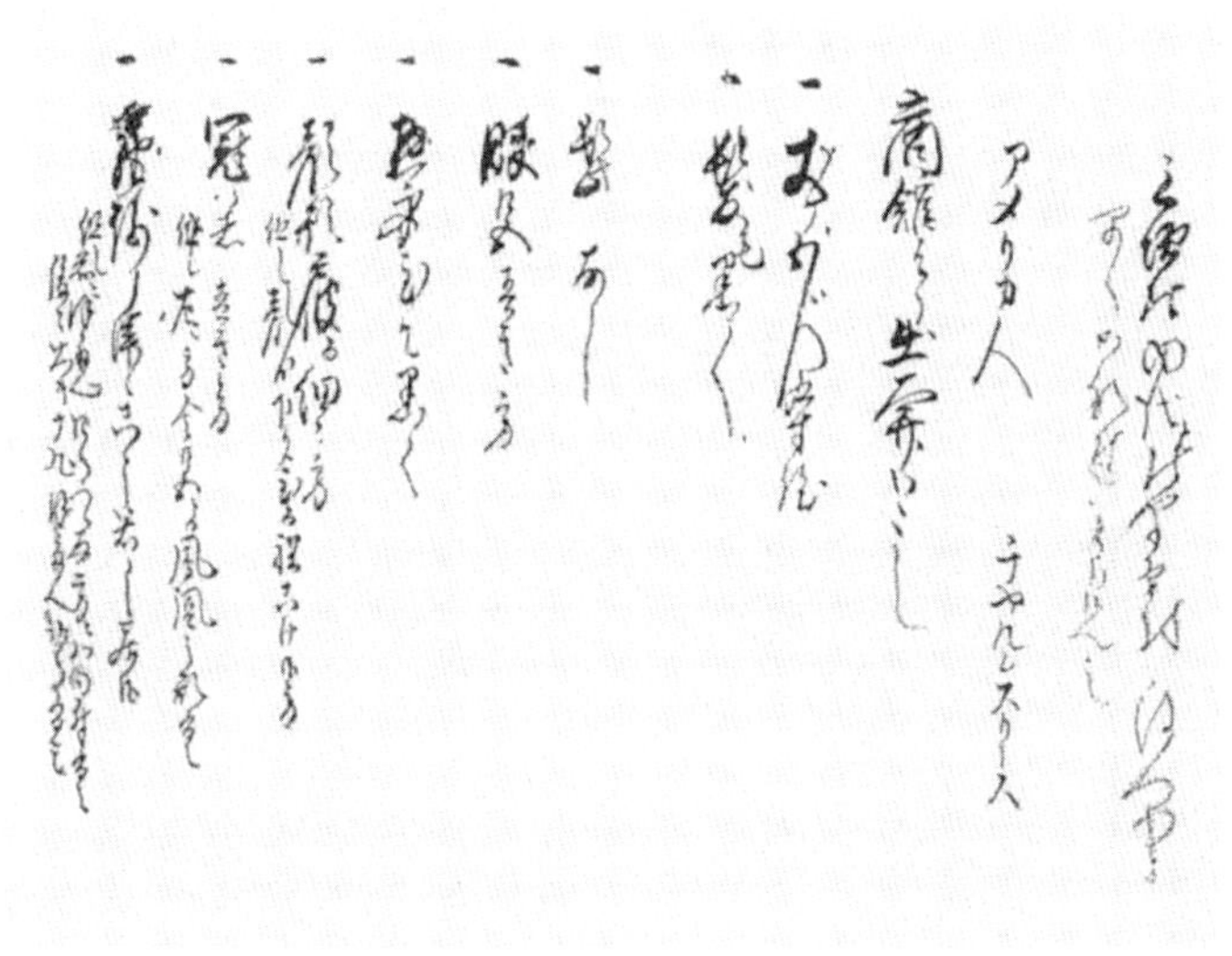

図９　田代村御用留の中の人相書（大矢家文書，大矢次男氏所蔵，神奈川県立公文書館保管）

また外国人が被害者となる事件は、安政六（一八五九）年横浜のロシア人殺害事件、同じく横浜のロシア人による清国人殺害事件、万延元（一八六〇）年横浜でのオランダ船長殺害事件、文久元（一八六一）年水戸浪士による高輪東禅寺事件、元治元（一八六四）年鎌倉八幡宮で英国士官ボルドウィンとバードが殺害された事件、明治二（一八六九）年のイギリス商人殺害事件、など開港以降攘《じょう》夷《い》の動きが活発になるに従い急増している。これら外国人殺害犯人の人相書も、神奈川奉行市在取締役や関東御取締出役から寄場組合村々にあてて迅速に伝達されている。この人相書から外国人殺害の犯人は大半が浪人であり、開港以降急増していることが注目される。

犯罪の中に西洋の要素が入ってくるのは外国人殺害事件や外国人の逃亡だけではない。年ははっきりしないが、道中荷物稼ぎ人足が、横浜から江戸に宛てた油紙で包んだ包みと、御用状を東海道川崎宿から品川宿に継ぎたてる間に紛失し、逃走した事件で、この時に紛失した荷物の中には「西洋紙横文字本」が含まれていた。これは明らかに西洋の書物であり、これが紛失するところに西洋文化に対する関心や渇望が一般的に広まっていたことを物語っている。

このような外国人にまつわる犯罪情報や治安警備にかんする情報が村内部にまで浸透し

てきているということは、明らかに開港前とは違った対外意識を形成するものである。すなわち、攘夷だけでなく、裏を返せばそれだけ一般の庶民にいたるまで外国人に触れる機会が増え、必然的に外国に対する関心も強くなったことが予測できる。

黒船をめぐる海防と村人

江戸湾を中心に

海防差配役小倉伝兵衛

外房の海防政策

江戸湾の海防は、寛政期になってようやく本格的になったが、日本海側にくらべると遅かったといわざるをえない。江戸湾の海防は、文化四（一八〇七）年からの幕臣による江戸湾・相模湾の巡検をかわきりに、文化七年から会津藩が三浦半島側を、白河藩が房総半島側の内湾の警備を命ぜられ、文政三（一八二〇）年からは浦賀奉行を中心に川越藩・小田原藩が補佐する体制、天保十三（一八四二）年からは相模湾側は川越藩が、房総側は忍《おし》藩を中心とする警備体制となった。

江戸内湾の重要拠点には、それぞれの藩の陣屋が設けられ警備にあたったのである。諸藩の異国船警備には、藩士はもとより、領内の村人にも負担がかけられた。藩主導の百姓動員計画がたてられ、動員マニュアルも作成されていた。

一方房総半島の中でも太平洋側に面した九十九里浜は、幕府の海防政策からみると、それほど重要な地域とみなされておらず、幕臣や藩士が常駐することはなく、その警備や情報伝達は、大部分が村人に任されていた。その状況を文政期以降における九十九里浜での異国船発見時の対応からみてみたい。

異国船発見情報の伝達と小倉伝兵衛の行動

先に述べたように、九十九里浜では、異国船発見情報が文政八（一八二五）年二月の異国船打払令が発布された直後から頻繁に伝えられている。

文政八年三月二十六日明け方の六時ごろ、異国船が通過しているのを発見した粟生《あお》村の納屋集落に住むものが、その情報をすぐに本村へ連絡している。その情報をうけた本村の村役人はじめ小前百姓たちは、ただちに海岸に出てみたが、船は北東の方角に行ってしまったあとであった。そこで同じころ沖合で漁をしていた、粟生村の漁師と三浦郡小坪村の漁師に様子を聞き、異国船と出合ったことを確認した。そのころ粟生村は北町奉行与力給知であり、粟生村の組頭は与力給知の浜付き四ヵ村を代表して、与力給知の代官的役割を果たしている給知差配役にあてて同二十八日に報告書を作成した。この

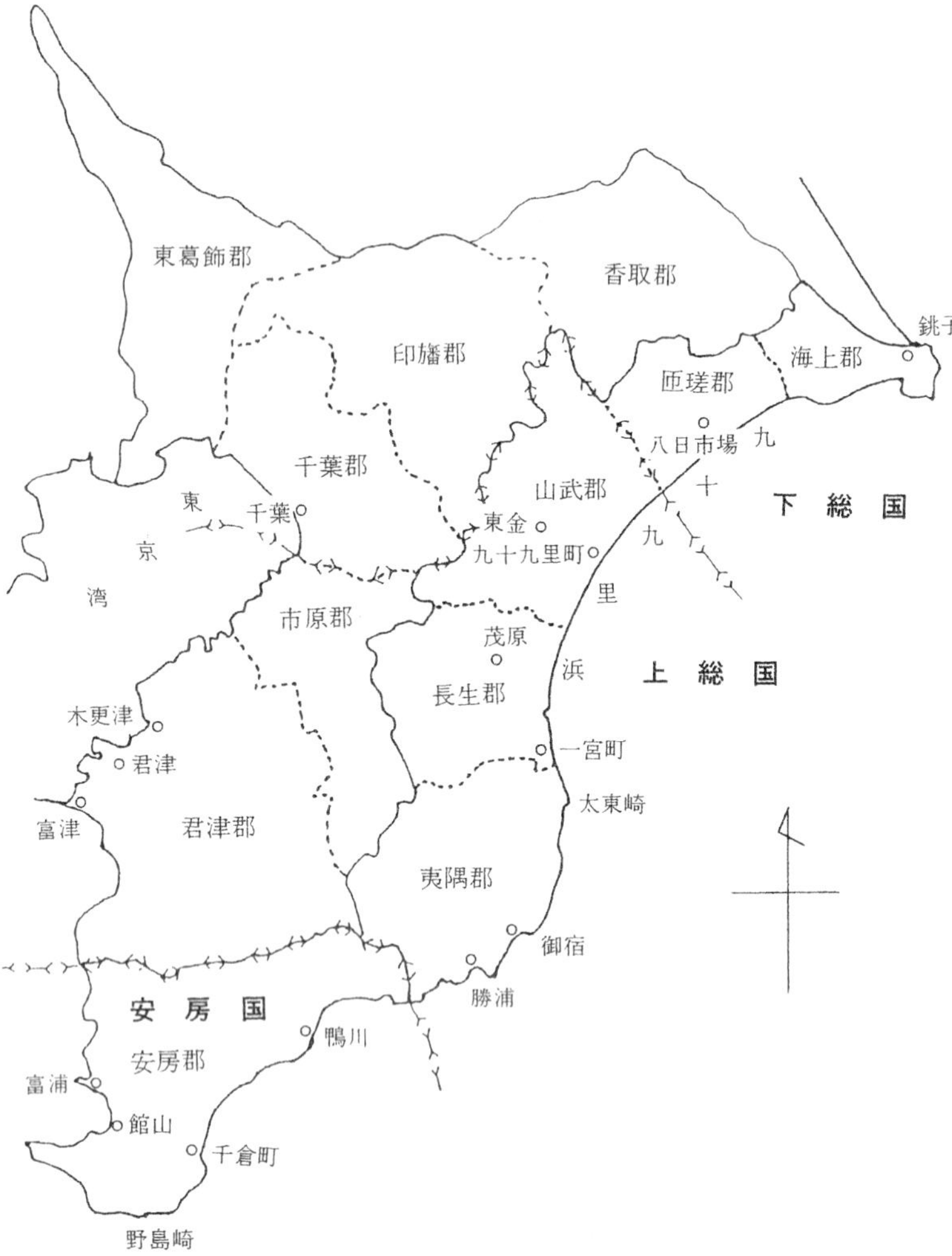
東葛飾郡
香取郡
印旛郡
銚子
海上郡
匝瑳郡
八日市場
九
十
九
里
浜
下　総　国
千葉郡
山武郡
東
京
湾
千葉
東金
九十九里町
市原郡
茂原
長生郡
上　総　国
木更津
君津
一宮町
富津
君津郡
太東崎
夷隅郡
御宿
勝浦
安　房　国
鴨川
安房郡
富浦
館山
千倉町
野島崎

図10　千葉県全図

時の給知差配役は豊田一郎兵衛・小川治兵衛・飯高貫兵衛・豊田三郎兵衛・飯高総兵衛の五名であった。豊田一郎兵衛・豊田三郎兵衛を除く三名はいずれも九十九里の村方出身のものである。

小川治兵衛と粟生村組頭《くみがしら》伊兵衛は即日この文書を持って江戸へ向い、給知の世話をする給知定年番役である与力の中島三郎右衛門へ異国船が九十九里沖を通過したことを報告した。中島は、夜五ッ時（八時ごろ）、同じく年番役の嶋喜太郎とともに町奉行榊原主計《さかきばらかずえの》頭《かみ》に報告、同日二十八日榊原主計頭より月番老中松平和泉守への進達書《しんたつしょ》が作成された。同時に、与力の中の給知定年番役から、飯高貫兵衛宛ての給知村々への「手当御下知書」が小川治兵衛にことづけられた。

飯高家の記録によると、この下知書《げじ》は、三十日に飯高家に届けられているが、内容は詳細なものではなく、これからも異国船がくるかもしれないが、給知村々で話し合い、上陸したら防戦し、天領や他領とも協力するようにとの指示があっただけであった。このとき九十九里浜では、具体的な対応方法や動員体制を幕府から直接指示されていなかった。異国船への対応は村方の判断に任せていたのである。

三月二十九日帰村した小川治兵衛から、九十九里浜の宿村組頭小倉伝兵衛は、御鷹場組合村々・地頭姓名、臨時組合村々の調査、異国船来航時の手当の方法を提出するように依頼された。小倉伝兵衛は、さっそく調査し報告書を提出している。また三月三十日には、伝兵衛から豊田一郎兵衛・重三郎宛に沿岸防備プランを提出している。この伝兵衛発案の防備プランの詳細は次項でみることにしたい。

さて、三十日、給知定年番役からの「手当御下知書」にもとづいて給知村々では集会が開かれ、そこで異国船警備体制が話し合われて、四月一日には「異国船防方相図御請証文之事」が作成された。この請証文では、次のような取り決めがなされている。

①異国船来航を半鐘《はんしょう》で伝えること。

②異国人が上陸した浦は、夜は玉火をつくり、昼は煙をたいてそれを目印として集合すること。

③村中の集合場所をあらかじめ決めておき、夜中の場合には松明《たいまつ》をたて、あらかじめ決めておいたメンバーを名主組頭が引きつれて集合すること。

④また残された老人や子供は村内の高い場所に二、三本ずつ篝火《かがりび》を焚いて村人が帰ってくるまで消さないでおくこと。薪の準備は日頃からしておくこと。

⑤浦付きの村々は、日頃から遠見《とおみ》の番人をつけておき、異国船を見かけしだい半鐘をな

らし、昼のうちならば祭礼の時の幟《のぼり》をたて、煙をあげること。

⑥合図を怠らないこと。

⑦網方や小漁船の漁師は、水主《かこ》を集め、幟や篝を松林の中にたくさんたてておき、大勢いるようにみせかけて、できるだけ上陸させないようにこころがけること。

この請証文は、粟生村はじめ北町奉行与力給知一八ヵ村連印の上で、四月一日の夕方に村継で江戸に差し出されている。ただし、この請証文には伝兵衛が豊田に提出した防備プランはまだ反映されていない。

この請証文の内容について、四月二日中島から質問があり、江戸の在府代官豊田父子から飯高父子に中島からの質問状が届いている。同日、異国船防ぎ方の人足を把握するために六〇歳以下一五歳以上の人数の取り調べが行われ、同時に作田・小関などの周辺村落へ協力を要請し、五日承諾を得ている。

小倉伝兵衛のプラン

ところで、小倉伝兵衛が提案した防備プランは九十九里浜の主要産業である大地引網漁業と密接にかかわりのあるものである。まず、この地域の地引網漁業について概観しておくことにしよう。

地引網漁業とは、漁船・網・納屋などをもつ漁業経営者である網主が、漁船に乗って漁業を行う水主や、網を陸に引き上げる岡者らを雇用し、海岸近くに回遊してきた鰯《いわし》を捕獲する漁業である。通常春と秋の二季に漁業が行われ、この期間中は、いつ魚群がやってきても対応できるように網主は海岸近くの上納屋に入り、他の船方・水主は下納屋に詰める。魚群が回遊してくると、風向きや潮流をみはからっていっせいに出漁する。船は真網《まあみ》船と逆網《さかあみ》船という二艘仕立ての場合と一艘仕立ての場合とがあった。二艘仕立ての場合には、それぞれの船に二、三十人の水主が乗り組み、沖に漕《こ》ぎ出し、沖合とよばれる漁労長の合図で網を海中に投入し、左右に分かれて陸に網を引き寄せ、陸にいる網の引き手として集まっている岡者に網の端を渡し、鰯を引き上げる。岡者は水主の家族や海付きではない内陸部の村人であり、二、三百人も集まっていっせいに引き上げるのである。このように、九十九里浜の大地引網漁業は、大勢の労働力を要する組織的な漁業であった。文政十（一八二七）年に佐藤信淵《のぶひろ》が著した『経済要録』によると、この時期このような組織的漁業を行う網主が三百余りも存在していたことが記されている（山口徹『近世海村の構造』吉川弘文館）。

さて、以上を前提にして、三月三十日に、伝兵衛が豊田一郎兵衛・重三郎宛に提出した沿岸防備プランをみていくことにしよう。

①上総国山辺《やまべ》郡真亀村から小関村までの浦方で異国船が見えた場合の連絡網については、まず真亀村から小関村までの道程約四キロのうちに地引網納屋が一七軒あり、このうち四ヵ所の納屋に近隣の寺から借用した半鐘を掛けておき、あとの一三軒には番木を掛けておく。異国船をみかけたら、この半鐘と番木を二つ拍子で打ち鳴らす。この音をきいたらすぐに、岡方の村々は昼夜に限らず、人足を海岸へ集合させ、あらかじめ決めておいた地曳《じびき》網納屋《なや》前へ集合し、待機すること。地曳網の納屋番は、浜の人間を二つ声にて呼び集めること。特に地曳網の水主はそれぞれ差図をうけることとある。

②この集合場所については、

不動堂村覚兵衛納屋前には不動堂村・北幸谷村、	詰所まで約三八～九丁
西野村九兵衛納屋前には西野村・幸田村、	詰所まで約三一～二丁
貝塚村喜太郎納屋前には貝塚村・広瀬村、	詰所まで約三一丁
粟生村重兵衛納屋前には細屋敷村・藤下村、	詰所まで約二〇丁
粟生村俊次郎納屋前には粟生村・関下村、	詰所まで約一四～五丁
宿村新兵衛納屋前には大沼村・宿村、	詰所まで約一五～六丁
片貝村弥兵衛納屋前へは薄嶋村・荒生村、	

片貝村弥右衛門納屋前には家徳村・殿廻村、　詰所まで約二二丁
片貝村弥市納屋前へは中野村・三門村、
片貝村甚兵衛納屋前へは高倉村・宮村、　詰所まで約三一〜三丁
片貝村惣兵衛納屋前へは三浦名村・堀之内村、
片貝村吉太郎納屋前へは関内村、　詰所まで約三〇丁
田中荒生村次郎右衛門納屋前には田中荒生村・下武射田村、詰所まで三一〜二丁
田中荒生村与左衛門納屋前へは上武射田村、　詰所まで約三一〜三丁
片貝村重右衛門納屋前へは中村、　詰所まで約二三〜四丁
小関村六郎左衛門納屋前へは小関村・小関新開、　詰所まで約一八〜三四丁

と決められ、それぞれの村から詰め所までの距離が記されている。また水主たちについては、出身村にかかわらず、それぞれ最寄の場所、すなわち自分たちが雇われている網元の納屋前に集合するように指示されている。

③地曳網の網元の船に、縄船とよばれる小漁船を配置させ、海上での警備や連絡がスムーズにいくように考えている。

不動堂村覚兵衛船には不動堂村縄船持と西野村吉十郎・権四郎・吉兵衛の縄船、

西野村九兵衛船には西野村助七と藤下村伝吉の縄船、
貝塚村喜太郎船には貝塚村善兵衛と重五郎の縄船、
粟生村重兵衛船には粟生村縄船、
粟生村俊治郎船には片貝村縄船三艘付添
粟生村九八郎船には片貝村縄船二艘付添、
宿村新兵衛船には宿村縄船三艘付添、
片貝村弥兵衛船には片貝村縄船二艘、
片貝村弥右衛門船には片貝村縄船三艘付添、
田中新生村治郎右衛門船には田中新生村縄船二艘付添、
小関村六郎左衛門船へは小関久治郎・七兵衛・清八の縄船付添、
田中新生村与左衛門船には小関村久七・片貝村より一人付添、

このように伝兵衛の計画は、九十九里の大地引網漁業の組織をはじめとする地域の生業《なりわい》の実態に即したものであった。

伝兵衛は、このような防衛プランだけではなく、武器の調達にも奔走した。同年五月二十一日、給知定年番役の中島三郎右衛門から古鑓《ふるやり》を買い集めるように命ぜられた小川治兵衛は、伝兵衛にその役目を命じた。伝兵衛は、二十一日から二十四日の間に江戸の古道具屋や商店を駆け回り、古鑓を一〇一本買い集め、中島に差し出している。古鑓は、二十六日にいったん両町奉行所に差し上げられ、二十八日奉行所から中島に下げ渡しとなり、二十九日伝兵衛に預けられた。同日伝兵衛から小川治兵衛に渡されている。また鉄砲については、七月二十二日勘定奉行から野方村々鉄砲所持調査のお触れが出され、それをうけて二十五日小川治兵衛の命で伝兵衛は四季打鉄砲の調査を行っている。このように伝兵衛は、文政八年の異国船来航時の異国船警備において積極的な行動をみせている。

海防差配役の任命

文政十一（一八二八）年五月になると、九十九里浜では、南北与力給知から五名ずつ海防差配役が任命され、宿村の小倉伝兵衛もそのうちの一人として任命されることになる。

海防差配役は、もともと寛政二（一七九〇）年のお触れに基づいて設置されたもので、その目的は異国船の来航に備えて、恒久的な警備体制を整えるところにあった。九十九里浜では、文政十一年になって村人の中から数人選ばれ任命されたのである。

こうして、文政八年の異国船渡来時に村方に貸与された鉄砲二〇挺も、稽古場もない状況の下で、むやみに百姓に貸与するのではなく、百姓の中から選抜され召し抱えられたものに一挺ずつ鉄砲をわたし、恒常的に訓練をうけさせることになった。また給米を与え、海防にかかわる場合は名字《みようじ》帯刀《たいとう》を認め、異国船来航時には情報伝達の要として、異国船の来航に備えた。

この役職の任命と同時に、文政十一年、異国船対応マニュアルが領主側から村々へ提示されている。また「当子《とうね》異国船乗り寄せ候節人足配方」により宿村村民一人一人の役割分担が決められ、村人を一番手三二人、二番手三二人に編成し、それぞれ鑓《やり》六筋持ち出し人六人、幟持ち一人、高提灯《たかぢようちん》持ち一人、平人足《ひらにんそく》一八人、本村飯焚《めしたき》一人、本村弁当持二人、浜新田飯焚一人、浜新田弁当持ち二人が村内の一五歳から六〇歳までの村民に割り当てている。この中には、家の当主の他に、倅《せがれ》・家内《かない》・弟・地借《じかり》とあるものが三七人もおり、家の維持に支障がない人物を中心に選ばれた可能性がある。そしてこのような村民一人一人の役割分担を決め、組織化を主導したのは、伝兵衛ら村役人であると考えられる。このように与力給知村々において、海防のため村民が組織的に編成されたのである。

以上のように、文政期九十九里浜においては、小倉家や飯高家などの在方の上層のものが異国船防備体制の具体的プランをたてている。彼らにそれが可能であったのは、彼らが地曳網の網元として商人としてあるいは村役人として地域の政治や経済を握り、地域における情報ネットワークの形成者であったからであろう。とくに、組頭格であった小倉伝兵衛のような新興の上層民の活躍がめざましかったのも注目すべき点であろう。幕府はこのような人物を掌握することによって沿岸警備はもとより異国船発見情報の収集を行っていたのである。

小倉伝兵衛の人物像

小倉伝兵衛は、宿村組頭であったが、九十九里浜に異国船が来航した時に、いち早くその対策を練り、情報伝達網を整備し、独自のプランを練った人物である。伝兵衛は、文政十一（一八二八）年に海防差配役となり、後に士分に取りたてられるのであるが、この小倉伝兵衛とはいったいどのような人物なのであろうか。ここでは小倉家に残された「小倉伝兵衛一代記」の記述をもとに、その人物像を探ってみたい（筑紫敏夫「十九世紀前半の沿岸防備政策と上層農民」『千葉県史研究』七）。

小倉伝兵衛は、安永七（一七七八）年二月十日に土屋丹後《たんご》守知行所上総《かずさ》国山辺郡上布田村の名家猪野八郎右衛門の次男として生まれた。幼名を八郎治、字《あざな》をとんへといった。次男として生まれ、病身でもあったせいか、五歳の時に上布田村薬王寺に預けられ、薬王寺住職量淳を烏帽子親《えぼしおや》とした。名も来蔵とあらためている。天明七（一七八七）年一〇歳の時に、武勝村重左衛門に手習いに行きはじめる。寛政元（一七八九）年一二歳の時に、名を八郎治と改め、松之郷村八左衛門叔父方へ養子に入るが、四月には離縁している。寛政四年一五歳で雨坪村太郎右衛門方に素読《そどく》にゆき、算書五巻を筆写《ひつしや》している。

寛政七（一七九五）年三月二日小金原御鹿狩人足《おしかがりにんそく》として出て、その豪華さに感激し、武家の世界にあこがれるようになる。三月十八日父の従弟《いとこ》にあたる江戸御浜御殿旗本用人《おはまごてんはたもとようにん》頭《がしら》高宮織右衛門が蝦夷地《えぞち》御用を仰せつかったため、伝兵衛（当時八郎治）を侍《さむらい》として召抱えたいといってきた。伝兵衛はそれを聞いて急いで江戸へ出かけたが、間に合わず、侍にはなれなかったが、そのまま地頭《じとう》役所を訪ねて土屋丹後守の奥小遣《おくこづか》いとして武家奉公をすることとなる。だが、国元の母親が病気になり、四月には村に戻っている。

寛政十一年二二歳のときに薬王寺の親戚にあたる本納村御薗《みその》生文左衛門方へ婿養子にいき、名も文右衛門と改める。

享和二（一八〇二）年には、薬王寺内縁の江戸神田新橋通り松坂屋与兵衛方に居り、江戸の佐久間三丁目藤堂家表御門前にて合羽《かつぱ》屋売店小売を行う。一時本納村に帰り古着商を始め、江戸をはじめとする各地に商売に出かけ、信濃善光寺や浅草観音地内にても古着商を開設している。しかし、御薗生家の経営は困難な状況にあったようで、古着商では家内を養えず、田畑《でんばた》も一切ない状況であった。伝兵衛は江戸へ太物《ふともの》を仕入れに行くといって家を出、そのまま離縁してしまう。その後しばらく江戸浅草阿部川町法成寺に暫居し、それから麹町大坂綿屋与兵衛という古着屋にいた。与兵衛の世話で、芝竹川町堺屋利兵衛（質屋）、麹町三丁目鴻池藤右衛門（呉服屋）に出会う。鴻池藤右衛門に気に入られて是非婿にしたいという申し入れがあったが、実父八郎右衛門が江戸まで迎えにきたので、共に村に帰ることとなった。その後しばらく、烏帽子親である薬王寺に居住する。

享和三年十一月手習いの師匠でもあった雨坪村太郎右衛門・片貝村城之内忠次郎の世話で宿村弥右衛門方への婿入りの話があり、十二月十五日弥右衛門の居宅を忠次郎の案内で見届け相談がととのい婿入りをすることになる。しかし文化二（一八〇五）年五月離縁している。この年江戸で大火があり、材木が高く売れると見込んで、布田村の兄方にいて材木商を始めるが、目論《もくろ》みどおりにはゆかず材木値段が下落したため一三、四両も損をしている。

文化三年七月森村字古内五郎右衛門鵜之助同村源内仲人にて湯坂村弥右衛門方へ婿の掛合があるが、名家であるが経営が思わしくないと判断し、縁組は断ってしばらく田中村の法光寺にいた。伝兵衛は俳句も熱心に学んでいたようで、この間、布田村薬師尊へ奉納句会を開催し、一〇五〇句を集めるなどの文化的な活動を行っている。

この年また江戸で大火があり、ふたたび材木屋をはじめるが、前年同様材木値段が下落し大損をしている。

文化四（一八〇七）年三〇歳の年には薬王寺で過ごしている。文化五（一八〇八）年十一月十九日三一歳の時には松之郷村役人たちと、松平兵庫頭の御馬御用人足勤方の件で出入りがあり、伝兵衛は浪人中であったが、布田村名主にかわって組頭友左衛門代理として出府《しゅっぷ》している。このとき、江戸の上総《かずさ》屋茂左衛門方に逗留《とうりゅう》中、土屋丹後守用人より同年中長崎表でおきたフェートン号事件についての情報を得ている。十二月六日村に帰ると、宿村弥右衛門と再縁の話があり、二十九日に再縁している。

伝兵衛が実質的に小倉家の家督《かとく》を継いだのは、文化六（一八〇九）年八月七日のことである。この日義父弥右衛門の跡を継いで伝兵衛が組頭となった。

小倉家を継いで以来伝兵衛は、文化六年以来の用水出入りや網方出入り、その他出入の仲裁や、歎願など村役人としての仕事や、家内のことで多忙をきわめていたようである。特に小倉家はこの時期経済的に苦しい状況にあったらしく、文政期には日照《ひで》りの害も大きく、親戚から種籾《たねもみ》を借りることもあったという。また農業のみでは暮し向きが危ういため、文政五（一八二二）年九月には米商いを始めている。これは、布田村辺から米を購入し、東金市《いち》で売り払うというもので、それで難渋《なんじゅう》をしのいだという。

文政七年本家の家計がいよいよ窮したので、新左衛門の無尽《むじん》のくじを借りうけて無尽金を引き当て難をしのいでいた。しかし、その後家計は上向きになったようで、文政期には地引網経営にも参加していた時期もあった。また天保期には綿の栽培をしていた記録もみられる。

文政九年には、宿村名主小川治兵衛が退役《たいえき》し、その子も江戸に住んでいてもはや村にかえって名主役を勤める意思はなく、退役を申し出たので、伝兵衛が宿村の名主助役となり、実質的に名主としての役目を担うこととなった。天保六（一八三五）年七月には三門村兼帯名主にも任命されている。

また、伝兵衛は、村名主として活動をしていく一方で、武士や武家社会に対するあこがれを強く持っていた。天保十年十一月、前年火災にあった江戸城西ノ丸の棟上げの祝儀があり、伝兵衛も普請役の案内で西丸大広間や御座敷を見学した際に、「前代未聞この上無き幸せなり」という感想をもらしている。

天保十一年二月二十二日以来海防差配役のものは、村方人別から除かれ地頭所入りとされることになったが、その際に、「今日より伝兵衛も金持ノ身分ニ相成候間、村役並三門村兼帯名主を返上、海防差配役一事ニツトメルコトトナリ大慶至極」と述べている。ここにも幕府や武士に対する強いあこがれが見られる。

伝兵衛の蔵書と教養

次に伝兵衛の教養についてみてみよう。既述のごとく、名家に生まれた伝兵衛は次男ながら幼少時より教育をうけ、教養を身につけていた。俳句を学び、書物の筆写も行っている。書物の筆写は、書物そのものが高価で、貴重なものであったことから、当時よくみられる勉強方法であったが、どんな書物を筆写していたかで、その人物の興味・関心がどこにあったかを知ることもできる。

天保六（一八三五）年九月三門村源兵衛一件で江戸に出ていたとき、伝兵衛は江戸の上総屋重之助方において「落穂集五巻」「御料所取扱上候二巻」「服忌令一巻」「質地巨細一巻」「御定書一巻」「質金銀取扱三巻」「御関所横書一巻」「団左衛門並三芝居新吉原ゆいしょ全一巻」など、全部で一一巻を書写している。これらをみると、村政に必要な地方の書物が多く、この年伝兵衛が宿村の名主であると同時に三門村の兼帯名主にも任命されたこととも関係あると思われる。

天保八年二月十九日には、「大塩平八郎の乱おこる。あらましを記す」と「小倉伝兵衛一代記」にある。大塩の乱のあらましを記した書物は現在みあたらないが、この乱についても興味をもっていたことがわかる。その他天保九年から嘉永三年にかけて筆写した書物が六九種類余にものぼる。

その内容をみると軍記物・史書・物語などの読物や、「是より見合ニ可相成書類」とある一種の手引書となる御用留や調書、「是ヨリ地方取扱之書類・御用之儀ニ付秘密書物之分」とある地方書・掟書・御定書、「所持田畑坪数其外心得之タメ改書出」とある所持田畑の反別帳などがある。

筆写したものの中には林子平《はやししへい》の『海国兵談《かいこくへいだん》』もあり、海防差配役としての意識があらわれている。伝兵衛が収集した異国関係書籍についての詳細は後述することにしたい。

これらの筆写された書物や書類は、子々孫々《ししそんそん》にまで伝えるようにとあり、伝兵衛の意識や教養を見る上で重要である。また、御用留や地方書など御用向きの書類が「秘密書物」とあるのは注目される。さらに『世界極秘伝』という書物の存在も確認されるが、それは家の長男のみが書き写すことができる書物であることが記されている。

このように伝兵衛は、地方書をはじめ、異国船問題、その他政治・歴史にかかわる書物をみずから書き写し収集し、学んだ。小倉家が組頭格から名主格へと昇格していく過程でみられる村役人としての自覚と、また海防差配役としての役職をまっとうするために、それに見合った多くの情報を収集した努力を窺い知ることができる。そして子孫、特に長男には外国の知識を特別に伝授していこうとしていたのである。

新しいタイプの村落上層民

小倉伝兵衛は、上層農の次男に生まれ、養子縁組を繰り返し、また村から離れてさまざまな商売をするなど多様な経験をつみ、帰村して宿村小倉家を継いだのであり、苦労はあったもののあるいみでは豊かな経験をした人物であった。また意識の上では、武家権力に対する強いあこがれをもっていた。数々の経験にもとづいて形成された人間関係や蓄積された知識、持って生まれた才能によって、組頭から名主となり、また海防差配役をはじめ後に士分にまでとりたてられるなど、いわば異例の出世をしたのである。

注目したいのは、このように必ずしも身分や家柄ではなく、商人としての機敏さと、学芸の嗜《たしな》み、各階層の幅広い人間関係や行動力をもち、同時に網元・村役人として在方の取り纏《まと》めも行いうる立場の人物が、幕府が新たに欲した人材であり、このような人物が、異国船問題を契機として、表舞台に登場し、新興の上層民として積極的に活動してくるようになったということである。

そして、あらためて小倉伝兵衛が生きた時代をみてみると、まさに異国船問題が幕政に大きな影響を与え、危機意識を形成しだす時期と重なっているのであり、このような時代性もまた新しいタイプの人間を浮上させる大きな要因となったのであろう。

異国船御用聞掛頭増田七兵衛

増田七兵衛の人物像

九十九里浜の小倉伝兵衛のように、異国船問題を契機として、能力が認められ村や地域の代表として活躍の場が与えられる事例は各地にみられる。

伊豆半島西側内浦湾に面する小海《こうみ》村の増田七兵衛についてみてみよう。増田家はもともと小海村の有力な草分け百姓であったといわれている。近世初期の増田家については不明な点が多いが、天保期には百姓代、文久二（一八六二）年からは名主役として七兵衛の名が見えている。また文化期からは小海村の津元として史料にあらわれはじめている。増田家が異国船問題とかかわりをもつようになったのは小海村が小田原藩領であった嘉永二（一八四九）年のことであった。この年から、増田七兵衛は、小田原藩の異国

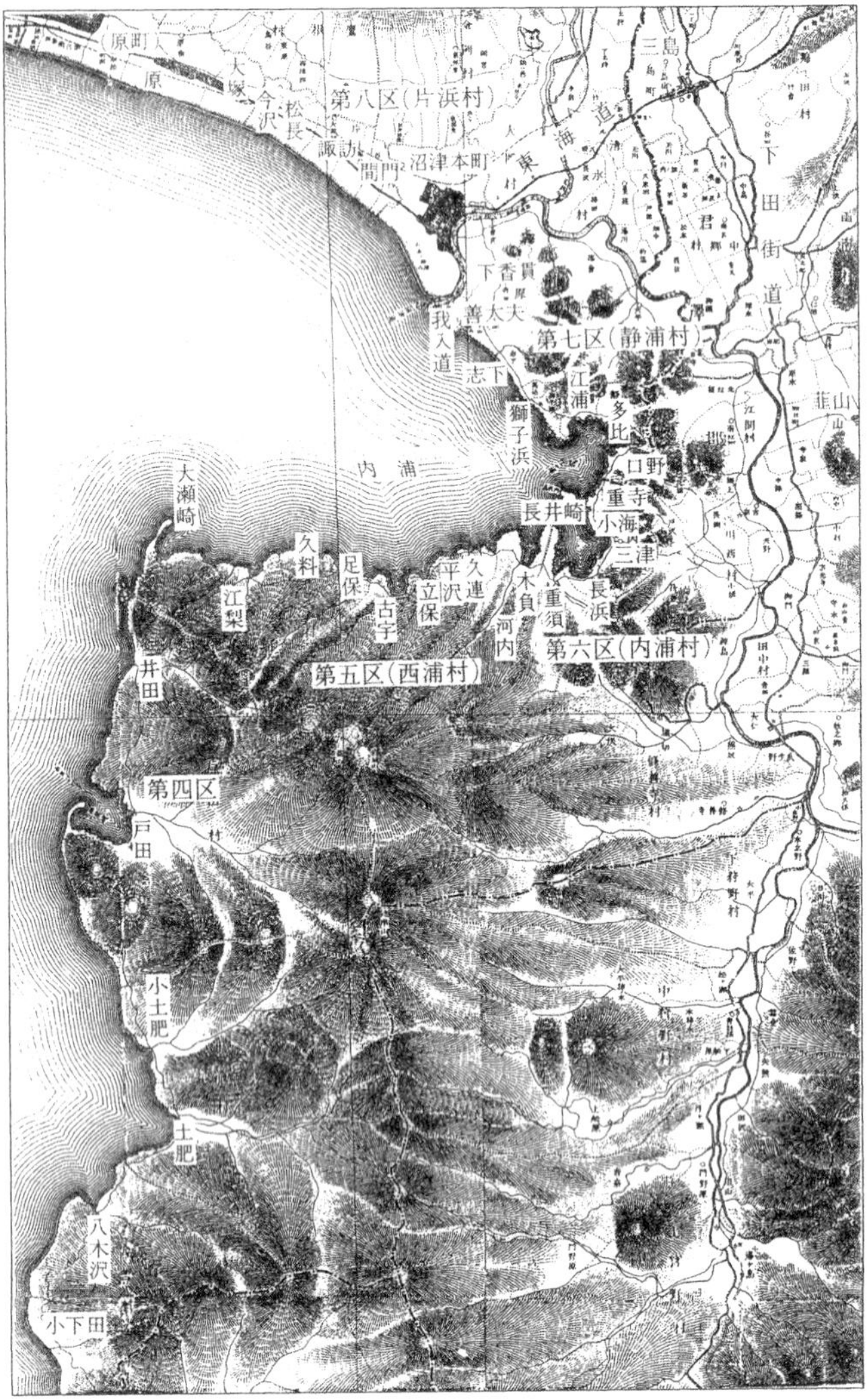

図11　沼津市域関連漁村概念図

船御用聞を任されることになるが、まずその経緯からみることにしよう。

小田原藩の海防政策と増田家

増田七兵衛が御用聞を命ぜられるきっかけは、弘化三（一八四六）年十二月十二日七兵衛が御払米《おはらいまい》の代金を上納に出向いたときであった。このとき七兵衛は、小田原藩の役人から下田湊《みなと》の異国船警備に必要な物資の調達に協力するようにとの内意をうけた。翌年正月十日下田の商人仲間である綿屋吉兵衛らと相談し、同月二十日に藩の御用聞を引き受けることにした。

嘉永二（一八四九）年閏《うるう》四月十二日にイギリス船が下田に来航し、翌十三日小田原藩は下田警備として多人数を繰り出した。この下田警備の物資調達のため、小田原藩から七兵衛に呼出《よびだし》がかかることになった。このとき、増田家は、小海村の百姓代であった。ところで、このような海防にかかわる用件を名主にではなく、百姓代の七兵衛に直接打診したということは、小田原藩が物資の調達に必要な能力のある人物を適材適所で登用したことを物語っている。

小田原藩日守役所から呼出を受けた七兵衛は、人足を連れて、天城山を越えて湯ケ嶋村に入り、閏四月十五日下田に入った。七兵衛は、到着するとすぐにあらかじめ手配しておいた綿屋吉兵衛らの商人仲間から黒米一五〇俵、白米六〇俵、味噌一五樽、薪、塩などの物資を購入し準備を整えておいた。

また七兵衛は、このような物資の調達のほかに、異国船の動向を韮山《にらやま》代官所に連絡する情報提供の役割も担っていた。嘉永二年四月イギリス船が、遠州灘から石廊崎《いろうざき》沖を通過し、相模灘に入り、九日夕方浦賀に入津《にゅうしん》したことや、そこで井伊掃部頭《かもんのかみ》が掛け合ったこと、十一日に浦賀を出発し、十二日夕方下田に入ったことなどを、下田にいて確認し、すぐに韮山代官所に連絡している。その後ただちに韮山代官所から小田原に伝えられ、韮山代官所の役人は十三日夜に網代から船で下田に入り、小田原藩一行は、十三日八つ時に国元を出発した。

閏四月十五日小田原藩は、柿崎村に着陣し、そこから総勢およそ八〇〇人、乗馬七匹、荷物運搬用の馬四八匹の行列で下田に入った。下田町では藩士は稲田寺・海谷寺・大安寺・八幡社に分かれて宿陣し、人足たちは、下田町の二八軒の町人宅にそれぞれ分かれて宿を取った。

増田七兵衛らの主要な仕事のひとつは、この藩士・人足らおよそ八〇〇人の食事の世話をすることである。食事には「食札」が配付され、焚出し時には朝昼夜と一日一八俵ずつ焚き出された。また味噌が一日二五貫目ずつ、大豆一石三斗七升五合、馬の餌である糠三俵四斗、飼葉三一貫目が消費された。また番船として小田原から来た二五艘の船にも白米四斗入り一五俵、味噌一樽を渡している。

一方小田原から船で運ばれてくる物資も、七兵衛たちが差配を行っていた。閏四月十七日御用船七艘で国元の小田原から送られてきた白米二〇〇俵・槙三〇〇抱・松五〇〇本・味噌二五樽・飼葉三〇〇貫目・大豆二五俵を、七兵衛らが陸揚げしている。

その後十七日イギリス船が下田を出航するにともない小田原藩の下田警備体制も解かれ、国元から輸送されてきた軍需物資も返送されることになった。その残務処理をしたのも七兵衛であった。

こうして、役目をはたした七兵衛は、その功績により嘉永二年十二月十五日、藩から帯《たい》刀《とう》の許可と真岡《もうか》木綿五反を下賜され、「異国船御用聞掛頭」を正式に任命されている。

嘉永七年の御用聞

嘉永七（一八五四）年にペリーがふたたび来航したときは、嘉永二年の時にくらべ、警備体制も強化され、「異国船御用聞」の仕事は、格段に多忙になり、大量の軍需物資が調達されている。

増田家が個人の裁量で仕入れたものの中から特に米を取り上げてみると、嘉永二年では二二五俵であったのが、七年には一一九八俵、また、小田原から兵士の食糧として送られてくる藩の廻米の量も、嘉永二年では二〇〇俵であったのが、七年には藩領のお蔵米をあわせて一三四六俵にものぼっている。

兵士の兵糧米は、小田原から船で運ばれたもの以外に、日守村・田京村など小海村近隣の小田原藩領の村々から購入したものもあった。たとえば嘉永二年の場合、日守村・田京村から切手で三〇〇俵、日守村名主から直接購入された五〇俵との合計三五〇俵のお蔵米が買い集められ、翌年異国船警備が解かれた七月から八月にかけて、廻船《かいせん》の船主安良里村利兵衛・田子浦清七・安良里村丈助に売却されている。購入から売却までの間は沼津・田京・日守各村で米蔵に囲米《かこいまい》として貯蔵されていた。この時に「蔵敷」として倉庫代が支払われている。そして一一八両二分と銀六匁八歩九厘の損金が計上されている。

これらから、増田七兵衛は、兵粮《ひょうろう》として集めた小田原藩の御蔵米を一時的に各村に貯蔵し、折りをみて時の相場で売却していたこと、この業務が増田家の経営にとって必ずしもプラスになってないことなどがわかる。

異国船入津情報と経済情報

ところで、これらの囲米の売却はどのようなタイミングでなされたのであろうか。まず重要なのは異国船が入津するかどうかの情報をいちはやく入手することであった。増田家は現場にいる手代との書状のやりとりを通じて米の相場情報を入手し、その判断材料としていたのである。異国船入津の心配がなくなった場合には、増田家が自由に囲米の売却を行い、その差益を増田家がもらってよいとされていたが、増田家はそれをすべて藩に返上していたという。このように嘉永七年には異国船情報が物資の売買に重要な意味をもつようになっていた。

また、これらの通信には飛脚《ひきゃく》が大いに利用された。この年飛脚賃としてかかったのは金三両二朱銭二五〇〇文ほどであった。やり取りされた書状の内容は、米の津出《つだし》に関するものや、異国船来航に関するものである。

増田七兵衛の御用は使用人たちとの連携で行われており、手代たちは七兵衛にかわり小田原、柿崎へ行き異国船の動向を書状で伝えるなど常に連絡をとりあっていた。

増田家にかかる経済的負担

増田家は、異国船御用を務めるために多くの自己資金を準備する必要があった。それは蠟燭《ろうそく》代・食料である米の搗《つき》賃・蒸し賃、小田原・小海からの廻米の運賃、廻船の水主《かこ》の粮米《ろうまい》賃、自分や使用人の必要経費、柿崎村での家賃や米・諸道具を預ける倉庫代などの支出を、立て替える必要があったからである。

そしてこれらの費用は諸雑費を含めて年間合計金七八七両三分銭五万一九四五文銀一二二六匁一二三分八厘という大金にのぼった。これらの出費は、最終的には小田原藩から米・

金が渡され、決算されていたが、儲は無く赤字であったことは前述のとおりである。それにしても、このように赤字覚悟で一時的にしても大量の金を動かすことが出来る増田家は当時かなりの経済力をもっていたということができよう。

安政六年の御用聞

安政六（一八五九）年になると、七兵衛は御用の実務から離れ、手代の佐吉が実際に行動している。七兵衛が安政六年八月二十二日に没していることからすると、このころは、病であったのかもしれない。以後は息子である謙治郎が七兵衛を襲名《しゅうめい》し後を継いだ。謙治郎は、安政四年から増田家の経営帳簿にその名がみられ、経営に関わり始めていたことが分かる。

手代《てだい》の佐吉は、異国船御用で出張するたびごとに日記を記載しており、それが増田家への業務報告となっていたと考えられる。

安政六年正月から二月までの佐吉の日記によると、正月二十三日亜米利加《アメリカ》船が下田に入津し、二十七日に小田原藩から連絡が入り、即日出立《しゅったつ》し二十九日に柿崎村に小荷駄方が着くとすぐに宿陣割をしている。二月三日には、いったん江戸まで行った異国船が戻ってきたため番船を命じられ、三日から九日まで番船八艘、通伝馬《かよいてんま》八艘、人足四〇人を手配し、この賃金として出費した金額は銀一八〇匁銭一六〇〇文《もん》と記載されている。また宿陣となった家や差配役人への挨拶金の書き上げがあり、佐吉も金一分をうけとっている。番船や人足の動員は増田家の独自の判断で行われ、小海村以外の近隣の御料・他領の村々からも調達していた。増田家の政治力が窺える側面である。

次に三月から四月までの日記によると、安政六年三月二十七日に阿蘭陀船《オランダ》が下田に入津したときの記録がみられ、阿蘭陀船入津の連絡がどのようにして増田家までとどいたかを知ることができる。それによると、阿蘭陀船下田湊入津の知らせは、下田の綿屋吉兵衛から小田原へ御用飛脚で知らされ、小田原藩から佐吉へお固め出張の命令が出された。佐吉は、小海村にいる七兵衛に出張命令が出たことを知らせるのであるが、七兵衛宛の書状をまず飛脚を使って大仁《おおひと》村江戸屋太助宛てに送り、その後大仁村の江戸屋から小海村の七兵衛に書状が届けられるという手はずになっていた。

このように、異国船入津情報の第一報は、現地の商人から藩へ通達され、出陣になるとそこから御用担当者に連絡がくるようになっていたのである。

異国船御用聞の業務内容

以上から「異国船御用聞掛」の具体的な業務内容をまとめてみると、

①自己資金による物資の調達

②異国船発見情報の通達などの通信業務

③藩士・人足の食料など生活必需品の世話や、小田原藩から輸送される物資の陸揚げ・分配、残分の返送処理、及び囲米の管理・売却など、軍需物資の管理・分配の一切の差配であった。

軍需物資の調達・管理・返送あるいは売買など、これらの異国船御用の実務は、藩の海防政策とのかかわりの中で行われたにしろ、すべて増田家をはじめとする商人たちが主体となって行われた。また異国船発見情報は、漁民や湊町商人から第一報が入ってきた。さらに異国船御用を通じて新たな商人ネットワークが形成され、増田家は海と陸の通信・交通網に広く関わりをもつことになった。藩側は、彼らとの連携なしでは沿岸警備そのものが不可能となっていた。

また、嘉永七年には嘉永二年とは比較にならないほど大量の兵士が動員され、大量の軍需物資が流通した。ペリー来航は、村々に経済的にも大きな影響を与えたのである。

異国船問題と地域秩序の変化

さらに、この異国船問題は、村内外の秩序や人間関係にも大きな影響を与えた。

たとえば、増田七兵衛が小田原藩の「御用聞掛頭」となってから三年後の嘉永五（一八五二）年、異国船が来航した場合の小田原藩の兵糧・御廻米運送の船手人足賃・船賃に関する取り決めが木負村・重須村・長浜村・三津《みと》村・小海村・重寺《しげでら》村の内浦六ヵ村の名主の間でなされた。これによると、小海村七兵衛から小田原藩の異国船警護のために兵糧・廻米などの物資を松崎村から下田辺りまで運搬するように依頼があった場合には、各村々は支配関係にかかわらず必ず協力するという誓約をむすんでいる。

この時期小海村七兵衛は、小海村では百姓代であったにもかかわらず、みずから「御用」の名のもとに周辺村々はじめ、同村の名主にも指示をあたえる立場になっていたことがわかる。

また安政七（一八六〇）年には、小海村の名主と組頭が、増田七兵衛の死後、息子の謙治郎の留守中に無断で「異国船御用聞掛頭」の役目を返上したいとの依頼状を作成し、藩の地方《じかた》役人に提出したという事件が発生している。増田家が小田原藩の業務を勤めることに小海村の内部で不満を持つものがいたことがわかる。この事件はすぐに真相が発覚したのであろう。このあと名主役が交代する大きな原因となったのではないかと思われる。文久二（一八六二）年、増田謙治郎が七兵衛と改名して名主役に就任している。

このように異国船問題を契機として名主役が交代するなど、村内外の秩序や人間関係が大きな影響をうけたのである。

なかでも小田原藩の「異国船御用聞掛頭」の任務に増田七兵衛が選ばれたのは、任務を遂行するにあたって七兵衛の商人的能力に基づく幅広い取引関係、情報網、経済力が必要と判断されたからであろう。七兵衛の手になる嘉永二（一八四九）年の記録には、相州足柄下郡《あしがらしも》小田原から・賀茂郡・君沢郡・駿州駿東郡《すんとう》沼津宿までの伊豆半島全域に及ぶ八七ヵ村の村々の村高、小田原からの距離が記載されている。また遠州灘から志州鳥羽までの海上の距離、下田から伊豆七島までの距離、下田湊から三崎・浦賀・江戸・沼津・清水・焼津・川崎・掛塚《かけつか》・相良までの海上の距離、小海村から下田までの道筋と距離、伊豆小笠原諸島の地図の記載がみられる。これらの記載からみても、伊豆半島全域から伊豆諸島におよぶ海上交通の詳細を増田七兵衛が把握し、地域を越えた広い視野をもっていたことがわかる。

このような人物が重視され重要な役割を与えられることによって、地域の秩序もじょじょに変化を余儀なくされたのである。

情報を伝達する村人——ディアナ号と西伊豆の村々

洋式船製造と情報・交通量の急増

お触れや廻状《かいじょう》など幕府や領主から村々への通達は、通常は村継ぎという方法で行われた。お触れや廻状は、触元の村から触留の村まで順繰りに伝達され、触留の村から役所へ返還された。お触れ・廻状の確実な伝達と、内容の村人への周知は、村役人の重要な任務であった。また、お触れや廻状のほかに、幕府や藩の役所や出役人との間で交わされる公務にかかわる御用状の伝達も村々の役割であった。村では、お触れ・廻状・御用状をはじめ、出役人の荷物の運搬のための人足も出したのである。

このような情報伝達システムの中で、幕末期異国船に関する問題が発生したときに、村や村人の生活にはどのような影響が出てくるのであろうか。安政二（一八五五）年のディアナ号にかかわる場合をみてみよう。

嘉永七（一八五四）年東海大地震の津波の影響で、下田にいたプチャーチンのロシア船ディアナ号が遭難し、翌年幕府によって洋式船の製造が日本で初めて戸田《へだ》村で試みられるが、その影響で、江戸から戸田村を結ぶ村々は、かつてない経験をする。それは、江戸や韮山《にらやま》と造船の地となる戸田村との間で、幕府諸役人の通行量・情報量が急激に増大したことである。その伝達を担うのは当然村人であった。

たとえば、沼津城下と戸田村の間にある平沢村に残された「御廻状請取帳」によると、お触れ・廻状・御用状を平沢村が取り次いだ日数は、嘉永七年までは年間二〇日から四八日であったが、安政二年は年間二五一日に及んでいる。

お触れ・廻状・御用状の届けられた回数でみると、嘉永七年までは年間二〇から九〇回、安政三年には四八回と減少しているが、安政二年には五一八回にも及んでいる。

平沢村の「御廻状請取帳」にはディアナ号に関すること以外のものも含まれてはいる。それにしても、このように、安政二年という年は、伊豆半島の西海岸は大変な交通量があり、大量の情報が行き来していたことはまちがいない。

図12　プチャーチン以下露国船来朝，戸田浦にて軍艦建造図巻（1855年，財団法人東洋文庫所蔵）

安政二年のこの一件の村々における情報伝達については、西伊豆の北端に位置する江梨村に残された、「安政二乙卯年正月朔日御公儀様御船御製造並ニ異人御浦触共御用掛り人足控帳」という史料に、その実態がよく記されている。これは、ディアナ号に替わる洋式船製造に関する、お触れ・廻状・御用状の伝達、荷物・諸役人の運搬について、安政二年の正月から十二月までの一年間に、江梨村から動員された人足の人数、人足として出た村人の氏名、月日、時間、用件の内容、人足賃金、次に伝達する村名などに関する記録である。

これによると、安政二年の一年間で、総出勤回数六二四回、のべ一四七八人（船役五五艘を含む）の村人が動員されていた。江梨村では不明分を除くと一〇一人の村人が夫役として動員され、さらに古宇《こう》から二名が買人足として補充されていた。

村人が運んだものの内訳をみてみると、文書の伝達が最も多く、全体のおよそ七六％を占めているが、中でも役人から役人に宛てた公用の書状である御用状が最も多い。御用状は、江戸の幕府役人や韮山役人と、出先役人との連絡文であり、洋式船製造にあたってさかんに情報のやりとりがあったことがわかる。

その他、役人の通行や、その荷物の運搬に動員される場合が二〇％あった。人や荷物が往来する場合には、文書の伝達よりは一回に動員される人数は平均六人と多かった。運搬される荷物の中には、樫木、御用金、御用肴、御用鉄、大工道具などがあり、船の製造に必要な材料や道具類などがあったことがわかる。

また、文書を発信者別にみると、勘定方の役人など幕府関係者と韮山代官江川太郎左衛門の手付・手代などからのものの伝達で、のべ人足全体の六割以上が動員されていたことがわかる。それほど、幕府関係者・江川関係者が発信した情報・人・荷物が多かったということである。

村人の動員の実態

次に村内部に目をうつし、村人がどのように動員されたのかをみてみたい。

この史料によると、人足として出たのは、村の男のみで、そのうち戸主が六〇名、戸主以外の家族が二五人で、不明分を除くと戸主は全体の七割を占めている。出勤回数でみても全体の七六%を占め、戸主が人足の中心であったことはまちがいない。弟・倅《せがれ》（長男）・次男などの家族は補助的に出勤したとみることができる。年齢でみると、二十代から五十代まで動員されているが、特に三十代の戸主が最も多かった。

村人がどういう順番で人足を出したかは明らかではないが、所持高にかかわりなく、家ごとにほぼ均等に人足を出していたようである。文書の伝達には二人ずつ組みになって運んでいた。

しかし、大半の村人が動員された中で、人足役が免除されていた戸主もあった。それは、名主・組頭・百姓代といった村役人と医師である。村役人たちは、村民の差配や出勤の管理・記録などを行なっていたのであろう。

このように、江梨村の村民は、洋式船製造に直接関わりをもつものではなかったが、この事業にともなって発信される膨大な文書・荷物の伝達を担うことによって大きな負担を負い、その影響をうけたのである。

村人の意識

この江梨村の事例からいくつかのことが指摘できる。

まず、村人は幕府諸役人のための通信媒体としての負担を強いられていたことを知ることができる。またこれほどの膨大な情報伝達をこなす能力がすでに村側にあったという点も注目できる。村継ぎという伝達システムは江戸時代に確立したものであることからすると、これは江戸時代の情報伝達の潜在的な能力を示すものであるといえよう。しかし一方で、もはや人力による伝達の限界も見えてきているのも事実であろう。

さらに、日頃めったに会えない武士との接触が日常的になったことや、場合によっては外国人と接触する機会があったことなどを考えてみても、安政二（一八五五）年のロシア船ディアナ号の一件や、洋式船製造という幕府の事業が村人の意識に大きな影響を与えたことは疑いがない。

それは江梨村に残された「安政二乙卯年正月朔日御公儀様御船御製造並ニ異人御浦触共御用掛り人足控帳」の最後の記載からもうかがうことができるのである。

一　頃は安政二乙卯年豆州戸田村至り於　御公儀様異国形之御船六艘御製造に相成候、並に同州同村へ魯西亜人上陸暫時留滞仕、右に付　御公儀様御掛り御勘定御奉行様始め外御役々様方往返、又は御用状刻付ヲ以往覆仕、右に付昼夜得ず、寸暇御返行によつて卯とし中人足志免大数の義に付、古今希なる事、之に依り子孫長久はなしのため是をしるしおくなり
安政三丙辰正月調之もの也

黒船情報の伝播と対外意識の形成

大久保家の黒船情報収集ルート

ペリー来航と情報伝播

異国船に関する情報の伝播・収集が幕府の規制を超えて身分や階層にかかわらず全国的な広がりをみせたのは、ペリー来航を契機としてであることは疑う余地はない。

たとえば、ペリー来航当時名古屋にいた荻園村（現在の茅ヶ崎市）の和田篤太郎《とくたろう》の日記（『茅ヶ崎市史史料集』四）には、嘉永六（一八五三）年六月十三日にペリー来航の記事が出てくる。それによると、浦賀に「唐船《とうせん》」が多く来航し大騒ぎになっていること、また当時、和田篤太郎がいた名古屋市中も旅行の禁止令が出されるなど大騒ぎであり、さらに東照宮の扁額《へんがく》が落ちて二つに壊れるという風聞が流れるなど、異常なまでの不安感が人々の間に

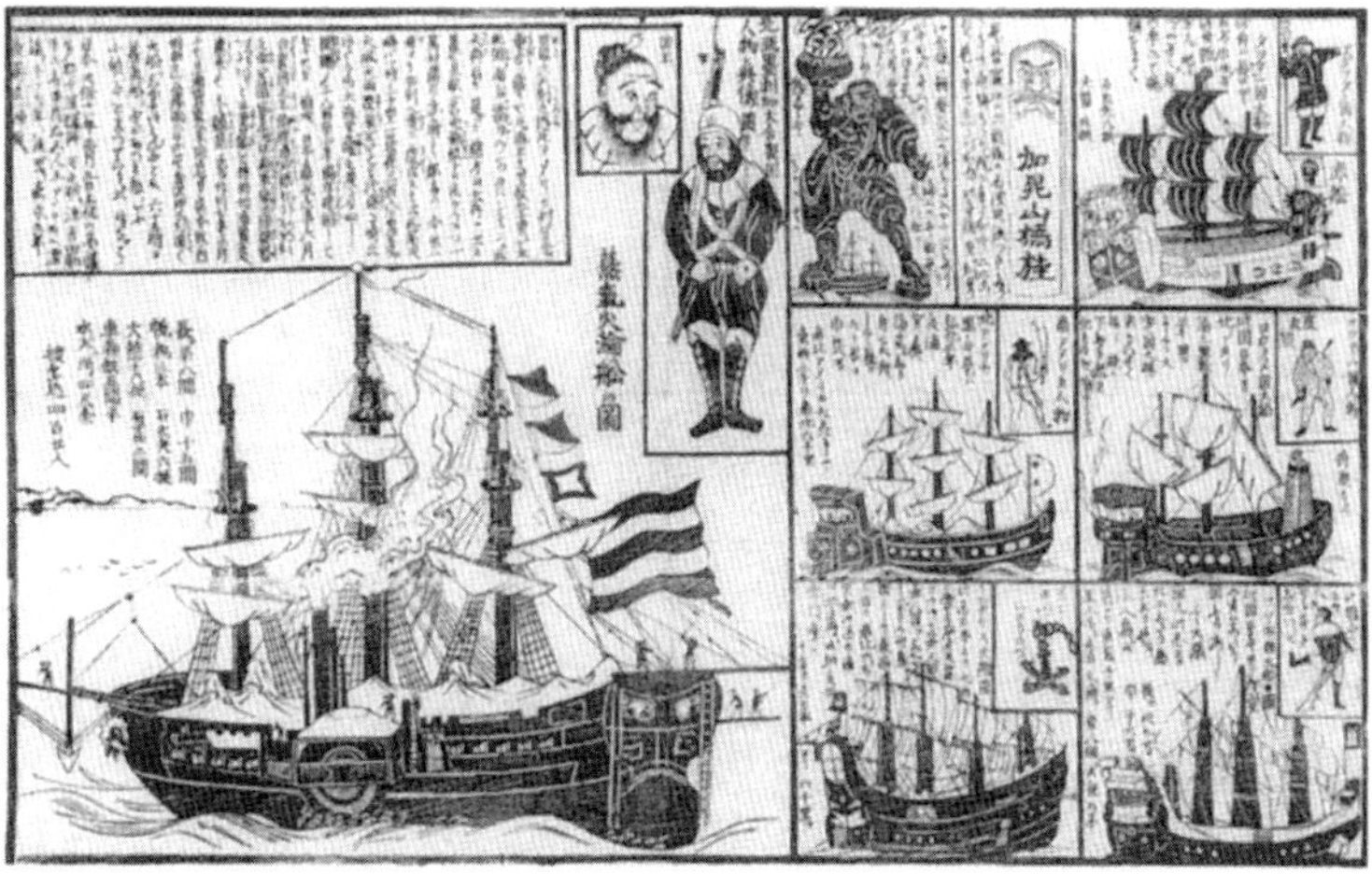

図13　瓦版（横浜開港資料館所蔵）

ひろまっていった様子が記されている。ペリーの来航は、覆いがたい事実として、庶民を含めた人々の目・耳の中に実際に飛び込んできたのである。

この事件を契機として、多くの人々が異国についての詳細な情報をもとめた。噂もふくめて情報量も飛躍的に増加し、個人の情報網も一気に拡大していく。人々は多くの情報の渦の中に巻き込まれ、それがさらに不安を募らせたに違いない。

しかし、その中で、噂や出版物をも含めてあらゆる情報を収集・記録し、冷静に時局の動きを見極めようとする人々が、村や町の上層民に現われた。

彼らが収集し記録した情報は、当時「風説留《ふうせつどめ》」などと呼ばれた。彼らは、同一階層間で情報を共有しあい、さらに自らの行動を考えるためのよすがとしたのである。北関東の豪農大久保家もその一例である。

大久保家について

下総国結城郡菅谷村の豪農大久保家は、天正年間に出羽国からこの地に移住して来た郷士《ごうし》であり、この地の開拓の祖であるといわれている。大久保家二代目の寛真は、松平越中守定綱の家臣として大坂の陣に加わり、戦功をたて、その功績により菅谷村地内に根ノ谷原という四〇町歩の山林を賜っている。松平越中守はその後常陸国下妻《しもつま》、遠州掛川《かけがわ》、山城国淀《よど》、美濃国大垣《おおがき》と転封《てんぷう》され、寛永十二（一六

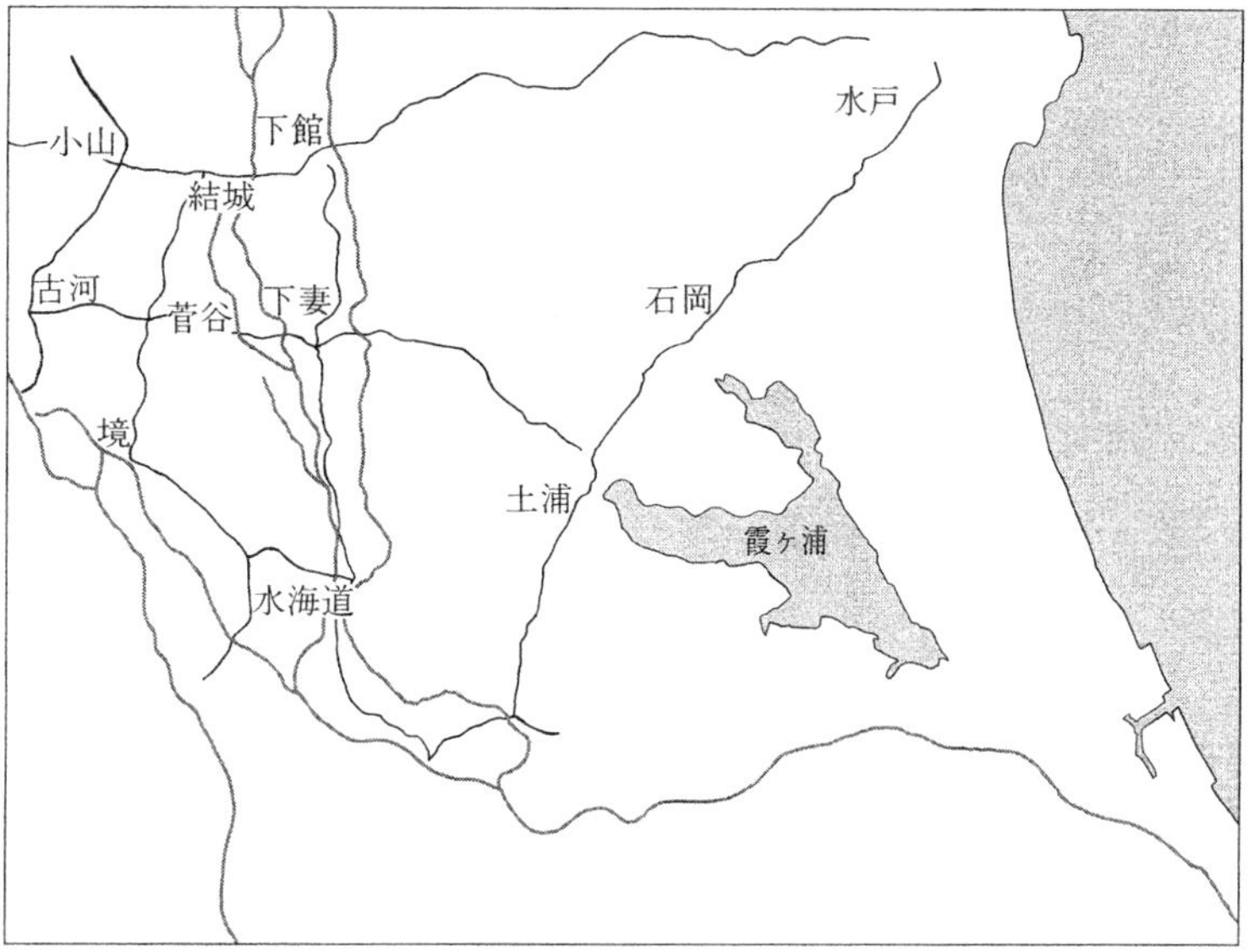

図14　菅谷村周辺図

三五）年に伊勢国桑名《くわな》に移封された。この時に、大久保家は松平越中守に従って桑名に行くことをやめ、松平越中守から根ノ谷原の私有の許可を貰い、この地に百姓として居住することを決意したとされる。

菅谷村は壬生藩領・旗本領・天領の相給村《あいきゅうむら》であったが、大久保家はこのうち壬生藩領一三〇石余に属し、代々名主としての役職にあった。壬生藩領菅谷村は家数が八軒ほどの村であり、大久保家は所持高およそ一二〇石余といわれるところからみると、壬生藩領菅谷村の大半は大久保家の所有地であったといえる。

この大久保家十一代目大久保七郎右衛門寛広の長男として享和元（一八〇一）年に生まれたのが、大久保忠教真菅《ただのりますげ》である。天保初年三十代で名主役を継ぎ、村政・家政に奔走し、弘化年間から私有地に尊徳仕法の導入を試みている。その後土浦の国学者色川三中《いろかわみなか》に師事し、三中蔵書の筆写や郷土誌編纂事業に協力している。すでに交流のあった仙台藩儒者の勧めもあり、嘉永期ペリー来航を契機として水戸に砲術修行に出かける。その後三中一門を中心に近隣の上層民に呼びかけて農民武装計画を練っている。その流れの中で、水戸の天狗《てんぐ》党と関わりをもつようになり、元治元（一八六四）年天狗党の乱に参加し大砲隊長兼武器奉行として活動したが、敗走し六四歳で死亡している。

真菅の息子忠善は、嘉永七（一八五四）年父の跡を継いで名主となる。忠善も、父真菅や色川三中の影響を受け、色川門人や仙台藩儒者とも交流があった。父は乱に参加したが、忠善は村に残って家をまもった。文久期には、近隣一五ヵ村を代表して古河宿の助郷免除歎願に出ている。元治元年には、父のことで入牢させられるが、慶応元（一八六五）年五月親類一統の歎願で赦免された。その後家業に専念し、川辺七番組炭薪問屋仲間に入り江戸に出店した。また、桑名・松山両藩に協力し、第二次長征の時に幕府方に立って、大豆・味噌・薪炭《しんたん》などの軍需物資の輸送に奔走した。

大久保家の人間関係

ところで、このような幕末期に特徴的な行動をとる大久保家を、人間関係という側面からとらえてみると、どのような特徴があるのであろうか。大久保家の情報ネットワークの実態をとらえる場合に、この点を明らかにしておく必要があろう。

大久保家には、大久保真菅・忠善父子が残した幕末期の日記が残されている。この日記を手がかりに大久保父子をとりまく人間関係の特徴をみてみよう。

大久保家の日記には非常に多くの人物が登場する。中にはどこの誰かもわからない人の名前も登場するが、わかる範囲内で拾いあげると、大久保家の家族・親類縁者・武士（幕臣・壬生《みぶ》藩・結城《ゆうき》藩・下館《しもだて》藩・下妻《しもつま》藩・仙台藩・水戸藩・剣術砲術柔術槍術師範など）・在村の学者（色川三中とその門人など）・医師・宗教者（神主《かんぬし》・修験《しゅげん》・御師《おし》・僧侶《そうりょ》など）・商人・運送業者（尾張内海船船頭・川船船頭・飛脚《ひきゃく》・馬士《まご》など）・技能者（茶師・算術師・絵師・大工・盲人・仏師など）・一般の百姓など身分や階層、地域を越えた幅広い交流がみられる。

さらに、これらの交流関係は、異国船問題が深刻化しつつある弘化から嘉永期までの時期と、開港をへた文久期以降の時期とで大きく特徴づけられる。

まず、弘化・嘉永年間に特徴的なのは、近隣の村役人層・武家・在村の学者・文化人・宗教者などの知識人層との交流が多い点である。近隣の村役人層との交流がこの時期多いのは、弘化年間に推し進められた尊徳仕法の導入にかかわるもので、村方地主としての活動によるものである。しかし何よりも嘉永年間に入り異国船問題とそれが生み出す現実の危機的状況の中で展開した人間関係、すなわち近隣の知識人をはじめ、仙台藩儒者や土浦の国学者色川三中とその門下生らとの交流がこの時期の大久保家の交流関係を最も特徴づけるものである。

一方開港後の文久期以降になると武家でも幕府関係者とのかかわりが深くなり、さらに江戸の商人・運送業者とのかかわりが急激に増加する点が大きな特徴である。幕府関係者とのかかわりも商取引を軸とした関係であった。これは、大久保家の家政の基軸が大きく転換したことを表している。

以上みたように身分や地域を越えて形成される幅広い人的つながりこそ、村落上層民を上層民たらしめている理由である。しかもそれは、幕末維新期における大久保家の思想形成・意識の変化・家政の展開の中で形成され、変化したものであるということができる。そして、これらが同時に情報ネットワークともなりうるのである。

図15　大久保家の黒船情報集（大久保荘司氏所蔵，八千代町歴史民俗資料館保管）

大久保家の黒船情報集

ペリー来航の騒ぎの中で、大久保真菅・忠善父子もまた、積極的に情報を収集していた。大久保家には、ペリー来航期に収集したとおもわれる情報集が多く残されている。

大久保家が収集し作成した黒船情報集に

は、それぞれ『異国沙汰・勝手の噺《はなし》』『筆熊手―浦賀紀行・応接之噺・角力』『筆熊手―亜美利加《アメリカ》・魯西亜《ロシア》二国書翰　全実秘』『寝覚廼厂《ねざめのかり》五―地震・蒸気車』『寝覚廼厂六―海防・条約・諸君文』『寝覚廼厂七―書簡類』などと表題がつけられている。いつの段階で、このような形に編集・整理されたかは明らかではないが、当時多くの黒船情報を集めていたことは事実である。そこには、ペリー上陸時の様子、幕府や諸大名の対応、触書や書付《かきつけ》類、諸大名からの建白《けんぱく》書、蒸気船や乗組員の様子、贈答品、蒸気船の燃料、外国語など外国の技術や文化、外国書簡や日本をめぐる諸外国の動向など、さまざまな情報を書き記している。これらはいずれも、通常では入手できない質の高い情報を多く含んでいる。これらの情報をどのようにして大久保家は入手したのであろうか。

情報集の中にはその入手経路を示す記載が随所にみられる。それらから、わかる範囲内で情報の入手経路をたどってみたい。

黒船情報の入手経路

①土浦の国学者色川三中

常陸国土浦の国学者色川三中は、大久保家父子に大きな思想的影響を与えた人物の一人である。大久保家は、嘉永四（一八五一）年に、近隣の沼森村神主高橋相模の導きで色川三中に入門し、『古事記』『日本書紀』『続日本紀』『東鑑』など古典の研究、田制史研究、史料探訪や郷土誌編纂事業、『関東古戦録』二〇巻をはじめとする稀少な書物の筆写など、三中の学問研究の補助を積極的に行っている。

また、大久保家は色川三中やその門人たちとの交流を通じて多くの黒船関係情報を入手している。そのことは、色川三中が収集した黒船の情報集である『草乃片葉《くさのかきは》』の中に大久保家の情報集と共通する情報が多くみられることからも明らかである。

なかでもアメリカやロシアから幕府に宛てた書簡類を多く含む『筆熊手―亜墨利加・魯西亜二国書翰　全実秘』は共通する情報が多い。また、『異国沙汰・勝手の噺《はなし》』の中の「松平越中守上書　七月十三日」「榊原式部大輔上書　丑八月」「細川上書　丑八月」「毛利上書　八月」などの、嘉永六（一八五三）年黒船来航に際して各大名が幕府に提出した意見書、水戸藩と香取神社の攘夷《じょうい》祈禱関係の情報なども色川三中の情報集に同じ記載がみられる。さらに、色川三中の情報集の中で、三中が朱で訂正をいれている箇所が、大久保家の情報集では訂正されて記載されているものが数点みられる。この事実は、明らかに大久保家が色川三中の収集した情報を写し取っていたことを示している。すなわち通常では入手困難な幕府の機密情報を色川三中から入手していたことがわかる。

また、色川三中の情報集の中にある、真菅が嘉永七（一八五四）年水戸の薬屋で入手した情報「横浜応接聞書写」の末尾に「右は水戸薬店駿河屋へ十八日夜着直様《すぐさま》乞請《こいうけ》候て写申候、以上、二月廿日夜、(三中朱註)二月廿一日来着、大久保真菅写之《これをうつす》所贈、異国人絵二枚写添、図中ニ嘉永七寅年二月十八日門人真菅模写トアリ」とあり、嘉永七年ペリーが再来したときの応接の状況の聞書きを真菅は水戸の薬店駿河屋で二月十八日入手し、二日かけて書き写し、翌日には三中のもとに届けていることがわかる。そこには異国人の絵図もつけられていたとあり、真菅自身がこのとき模写したものであることも記されている。この例からみても、大久保家が色川三中から情報を得るだけではなく、積極的に情報を提供していたこともわかるのである。

②伊予の国学者菅右京

色川家には、三中を慕って多くの学者が全国から集まってきている。その中の数人と、大久保家の人々は交流をもっていた。よく出てくるのは伊予の神官であり国学者の菅右京、三中門人で大久保家の同郷人である野爪村神主大久保一学らである。これらの国学者は、江戸の「塙役所」(和学講談所)にも出入りしており、ここから幕府の極秘情報を得ていた。

例えば『筆熊手―浦賀紀行・応接之噺・角力《すもう》』の末尾にみられる異国人が上陸したときに本牧の八王子権現《ごんげん》の下の岩に記したとされる落書きは、大久保一学が異国船を見届けに江戸に行ったときに、菅右京とともに塙《はなわ》役所で書き写したものである。また、大久保家の情報集の中の外国書簡も温故堂で菅右京が写したものであり、講武所建設の触書の写しも菅右京が江戸に出した手紙から知ったものであった。

菅右京は嘉永六（一八五三）年二月温故堂主塙忠宝《ただとみ》の伝書をもって三中宅を訪れ、それ以来三中の死後まで三中宅を拠点にして常総各地を周歴していたとされる。三中は、ペリー来航時に、この情報通の右京に塾生をつけて、江戸や浦賀へ同行させ、実相をさぐらせたりもしていたという。大久保の日記によると真菅は三中宅に出入りするようになってから数回菅右京と面会の機会を得ており、また、安政期には、忠善が菅家に食客《しょっかく》し、蔵書を写していたとの記録もあり、大久保家がこの情報通の菅右京と密接なかかわりをもち、機密情報を得ていたことはほぼ間違いないことであろう。

③仙台藩儒者根本兵馬

学者の中でも仙台藩士で藩の儒学者であり、ペリー来航当時、外国人応接掛をしていた松崎万太郎（懐松）の門人として行動していたとされる根本兵馬から得た情報は多い。大久保家の情報集の中の黒船四艘の各部分の寸法、船名、船長の名、乗り組み人数、日本側の軍備、防衛状況、応接時の米側の出席者の氏名・官名、服装などが記され、さらに六月九日から十二日帰路に向かうまでの様子が日記風に記されている「黒船実説」には、最初に「是は根本公より送る所ノ実説」、最後に「此書付は松平和泉公より出《いで》候由、本田某より入手　右之通書松崎公之門根本兵馬君より送る所内事写之《これをうつす》」との記載がある。つまり、これが根本から得た情報であるので確かであること、また根本が「本田某」から入手し、大久保家へ送ったものであることがわかる。このことは、大久保家にとって根本兵馬が信頼のおける重要な情報源であったことを示している。

さらに、嘉永七年ペリー再来時における浦賀の様子、応接時のメンバーや接待の様子、米軍が公開した軍事教練の様子、黒船の大きさや燃料、軍備についてなど詳細にわたって記している嘉永七（一八五四）年正月十九日から二月十一日までの日記「(朱)浦賀神奈川応接」には、「嘉永七寅年正月より同二月まで日記　応接ノ様躰荒増如此《ようたいあらましかくのごとし》　是松崎君之近士某之記所之書也　同二月七日宿所出立八日夜品川に着ス　同九日神奈川松崎公止宿大国屋へ午後着ス　根本君に対面ス、十日雨天昼より是ヲ写ス　秘書　忠善」との記載が末尾にみられる。この記載から、二月神奈川に出かけていった忠善が宿で根本兵馬と会い、そこで根本がもっていた松崎万太郎の近士の日記を書き写したものであることがわかる。

そのほか清人羅森《しんじんらしん》の漢詩もこのとき根本から借用し書き写している。

このときの神奈川行の忠善の日記から、忠善が根本兵馬から外国の品物をもらい、異国船来航に関して話し合ったこと、外国人応接掛鵜殿民部少輔《うどのみんぶしょうゆう》の用人堀江教助と同行し、異国船来航について話し合い、情報を入手していたことなども知ることができる。

④仙台藩儒者新井雨窓

大久保家の情報集の中では『寝覚廼㢈六―海防・条約・諸君文』の中の「異国船渡来之節近海向御警衛御手配之記」の末尾に「此御触仙台御上屋敷順造館新井三太夫先生より拝借寸刻写之《これをうつす》」とあり、それほど多く出てくるわけではない。しかし、新井雨窓《うそう》から多くの情報を得ていたであろうことは、大久保家の日記の記載や書状などからも明らかである。

仙台藩儒者新井雨窓は、文化七年陸奥《むつ》国石森《いしのもり》の生まれで、後に新井剛斎の養子となる。天保五（一八三四）年仙台藩儒員・国学教授となり、天保八（一八三七）年から江戸へ遊学している。文久二（一八六二）年に藩校養賢堂副学頭となったが、急進的尊攘派であり、独自の海防論を唱《とな》え結社をつくるなどの活動が原因で罷免《ひめん》された。後に復帰し、慶応三（一八六七）年に学頭に昇進している。明治元（一八六八）年奥羽鎮撫総督府と対立し、奥羽越列藩同盟の盟約書の草案起草を作成した人物である。

大久保家の日記に登場するのは、嘉永元（一八四八）年からのことで、ちょうど江戸遊学を繰り返していた時期にあたる。雨窓は、藩命により仙台と江戸藩邸を往復する間、大久保家やその一族をはじめとするこの地域の上層民・知識人宅を訪問し、交流を深めている。大久保家の日記によれば、嘉永元年六月から約一年間関東に滞在し、大久保家のほか菅谷村近隣の村々名主宅も訪問している記録がある。雨窓が菅谷村近隣を来訪して何を行っていたのかということは、それほど多くの史料が残されているわけではないが、日記の断片的記載や書状などから察するに、まず、文化サークル活動のようなことを行っていたということである。たとえば、雨窓を中心として大久保真菅《ますげ》・忠善親子、村田尾見定次郎、伊東謙斎、油屋重吉等の「村田辺諸君子」、「菅谷御同姓」、「北原御同姓様」、高橋神主、「門井連中」、谷貝《やがい》村名主清右衛門など大久保家の親類縁者や近隣の知識人らがメンバーとなり、社中《しやちゆう》を結成して、神前で舞を舞い、酒を飲む会や、「四書正解」等の読書会を開いたり、大槻磐渓《おおつきばんけい》などの書画の世話を依頼するなどといった文化交流を行っているのである。このような交流を通じて、江戸や仙台の情報がこの菅谷村にも伝わっていったと考えられる。

⑤親戚関係

大久保家の情報集の中で親戚の名が具体的に出てくる事例は少ないが、親戚関係から入手した情報が多かったことは確かである。情報集の中でみると、『続筆熊手』の中の各藩の蝦夷地警護場所を記した書類の末尾に「右は卯九月廿三日写尾見氏、同十一月十六日大久保氏写」とあり、尾見家の誰かが入手したものを大久保家が写したものであることが記されている。

また、常州真壁《まかべ》郡谷貝村領主旗本堀田土佐守の家臣で、大久保真菅の義理の兄弟である園田忠兵衛から得られた情報もみられ、「寅四月五日園田書翰之抜」と題された書翰からの抜粋が情報集の中にみられる。また、「丑四月十一日」に京都の火事の様子を伝えた書状の写しは、「右京都より園田氏へ来ル書状之内」とあり京都から園田へ来た書状を写したものであることがわかる。

大久保家の親戚関係をみると、地域的には常総地域の交通の要所に広くひろがっている。中には、江戸に店を構えるような商人もあり、また身分上では土豪の系譜をひく村落上層民であり、かつ旗本の家臣との婚姻関係もみられ、多くの学者をも輩出した村の知識人でもあった。彼らの文化水準や意識を支えていたのが、これらの家・人との婚姻関係にもとづく日常的な付き合いや、それを母胎として広がる幅広い交流関係にあったといっても過言ではない。そして、それが地域や身分を超えた情報ネットワークを形成していたのである。

⑥幕府関係者

大久保家の集めた情報の中には、誰からと明記されていないが、幕府関係者から広まり、伝わったと思われるものも多い。たとえば、嘉永七（一八五四）年九月長崎に来航したイギリス船に関する情報や、嘉永六年四月朝鮮から長崎をへて江戸の幕府に伝えられた中国の内乱を知らせる情報など長崎経由で入ってきた諸外国の情報がいくつかみられる。またオランダのカピタンからの「阿蘭陀風説書《オランダ》」「別段阿蘭風説書」の抜粋も多く記載されている。これらは明らかに幕府の正規のルートではいってきた外国情報が漏洩したものである。

また浦賀番所から広まったとわかるものがいくつかあり、蒸気船の様子や贈答品などの詳細な情報を記した記録の最後に「此壱枚浦賀与力渡辺清一郎写之《これをうつす》」と明記されているものがある。

⑦商人

商人を介して集まった情報がある。『異国沙汰・勝手の噺《はなし》』の中の「丑六月三日浦賀表異国船渡来聞留記」は、六月七日付で届いた書状の写しであるが、蒸気船の様子や浦賀奉行の応対の様子、黒船の燃料が石炭であり、それが当時日本でもとれるもので、塩田などで使用しているということや、船運が差し止めになっていることなどが記されている。この内容から、この書状の差出人は商人であり、その商人も何らかのつてをたどって浦賀番所の役人や幕府関係者から出た情報を集め書状で知らせてきた可能性が高い。しかしその書状のあて先は定かでなく、必ずしも大久保家とは限らない。それは、当時他人に来た書状ですら重要な情報が記されている場合には借用して書き写すこともあったからである。

ほぼ確実に大久保家が商人から入手したと思われるものもみられる。嘉永七（一八五四）年黒船再来時の応接の様子やペリーをはじめとする外国人の容貌を記した『異国沙汰・勝手の噺』の中の「横浜風聞」の末尾に「右は水戸薬店駿河屋へ十八日夜着、直様乞請候て写申二月廿日夜三月五日又燈下写之」と記されており、この情報は大久保真菅が水戸に出かけていた二月二十日に水戸の薬屋から入手したもので、帰宅後の三月五日に記録されたことがわかる。

また、『寝覚廼厂五――地震・蒸気車』に記載のある地震・火災等の災害情報の中で、尾張・伊賀・大坂・京都・南部等各地における地震の状況について知らせてきた「諸国地震之事　嘉永七寅四月」は、末尾に「嘉永七癸丑年四月十八日認　京都より古河奈良屋へ来書状之写」とあり、京都から古河の奈良屋に届いた書状の写しであることがわかる。古河は大久保家の居住する菅谷村ともそれほど離れておらず、大久保家の行動範囲の中に含まれる。大久保家が直接奈良屋から入手した可能性が高い。

おそらくこれ以外にも取引先の商人や旅先で知り合った商人からもたらされた情報は多かったと思われる。商人の情報伝達は「極密」という形をとりながらも親類・縁者その他商売上緊密な関係をもつ人々を通して口コミで急速に広まったのである。

⑧情報を伝えるさまざまな人々

以上、大久保家の情報集の記載から入手経路のわかるものについて具体的にみてみた。しかし実際にはより多くの人々の交流の中で収集されたものであることは間違いない。

『寝覚廼厂六――海防・条約・諸君文』嘉永七（一八五四）年五月九日付の、黒船の四月十三日以降の動きを記した風聞があるが、「右親友島全老人袖にして来り見せらるる故燈下に禿筆をかす」とあることから、親友が知らせてくれた情報であることがわかる。

また、この情報集では、出てこないが、この時期この常総地方で広範囲にわたって豪農商家を訪ね歩いている柔術修行の浪人・修験者・軍談師・俳諧師・画師らも情報の媒体になっていることは確かである。たとえば色川三中の門人で大久保家や近郷の上山川村名主岩岡家の日記にもしばしば登場する神主の高橋相模は、この時期近隣の村落上層民宅に柔術鎗術の修行浪人などを同伴して回村していることからみても、近郷の豪農層と幅広い交流があり、彼らに情報を伝えて歩いていた主要な人物の一人であったと考えられる。現に岩岡家に西洋流鉄砲の販売店を教えたのは彼である。また名主としての立場から近隣の村役人層との交流の中で入手した情報も多かったであろう。

また、大久保家の情報集の中にある、当時の久世政権下における公武合体政策や長州の動き、長井雅楽《うた》の航海遠略策などの政治情勢について知らせてきた書翰に「道路之説を人々筆記候由」とあるように、巷にはさまざまな噂や情報があふれ、誰もが競って情報収集を行っていた様子が知られるのである。黒船来航以降、人々が黒船はもとより、政治情勢そのものにも関心をもちはじめている幕末の社会情勢を垣間《かいま》見ることができる。

以上みた黒船情報入手ルートをみただけでも、大久保家は実に幅広い人間関係の中から情報を収集していたことがわかる。このような身分や階層、支配領域を超えた人間関係を形成し、通常では入手困難な情報までも入手する能力をもった大久保家のような村落上層民の存在に注目したい。

すでに指摘されているように、大久保家のような豪農商の存在は全国的にみられるのである（宮地正人『幕末維新期の文化と情報』名著刊行会）。それは、幕末において当時の政治や社会に対して強い問題意識をもった人々が層として存在していたことを意味する。

外国文化への関心

大久保家は、ペリーが来航したときに、その人間関係を利用して、多くの情報を収集した。では、彼らは外国や異国船、あるいはそれをとりまく政治社会状況に対してどのような興味や関心をいだいていたのであろうか。大久保家が収集した情報を例に探ってみることにしよう。

大久保家の外国文化への関心

ここではまず外国文化への関心についてみることにしよう。大久保家の収集した情報の中にはペリー一行の来航の様子、上陸の様子、外国の技術・文化など、外国への強い関心をあらわす記述が多くみられる。

たとえば嘉永六（一八五三）年久里浜に上陸したペリー一行の様子を描いた図がある。

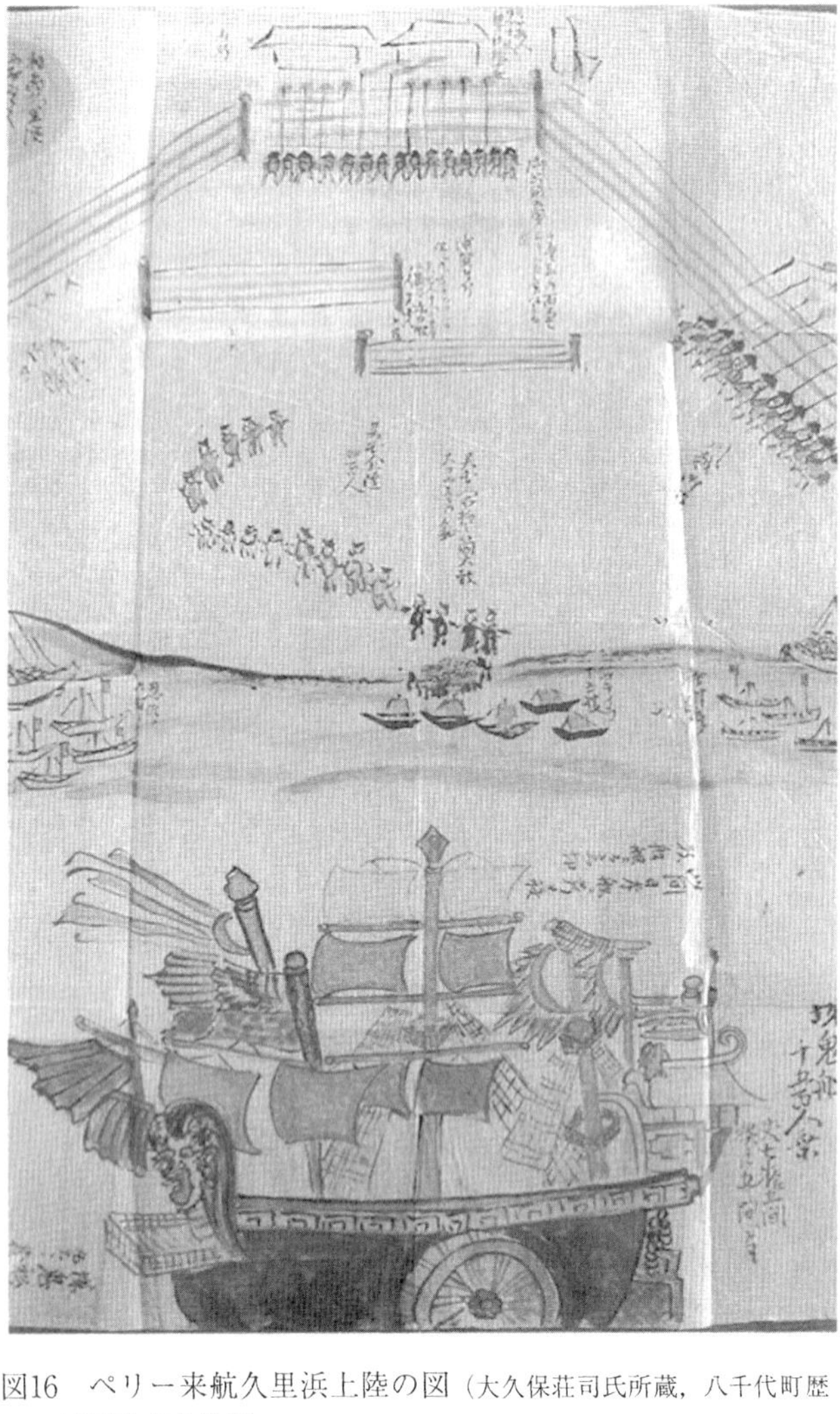

図16　ペリー来航久里浜上陸の図（大久保荘司氏所蔵，八千代町歴史民俗資料館保管）

まず上のほうからみると、与力《よりき》同心および鉄砲隊ら数十人が御公儀御固《おかため》として配備されている。その下に浦賀奉行が描かれ、その左右に川越藩と彦根藩が備えとして陣取っている。また、忍《おし》藩と会津藩が海上で警備にあたっている。蒸気船は「城鬼船」とあり、異国の船に対する恐怖心が描かれている。蒸気船のまわりは「城鬼船ノ後弐三十里之間丸太ノ筏《いかだ》ヲ以《もって》立切《たちきる》」とあり、筏で蒸気船のまわりを囲んだとある。彩色された興味深い絵図である。この時期黒船の絵図は瓦版《かわらばん》などの刷物で多く出回っていた。おそらくこの図も刷物をみて書き写したものであろう。

このようなペリー来航状況のほか、蒸気船をはじめとする外国の技術や文化に対する関心は非常に強い。特に、黒船の形、大きさ、動き、贈答の品々、武器や軍事教練の様子、燃料などに関しては、同様の内容が情報集全体を通じて繰り返し記録されている。

このような外国文化に対する好奇心を示す例として、西浦賀干鰯《ほしか》問屋が親戚に黒船の様子を知らせるために出した書翰の写をみてみよう。

この書簡には、まず六月三日ペリー来航以降の市中混乱の様子を記し、最後に「即別《すなわちべつ》帋《し》渡来日記正直の処写取入御覧候、勿論当所にて機密の儀に付極内にて取計差上申候」とあって、日記にて極秘に黒船に関する詳しい情報を送るとしている。その日記の写しもあ

図17　ペリー来航絵図貼交屏風（部分，東京大学史料編纂所所蔵）

り、そこには、黒船四艘それぞれについて船の名、船長の名、また船の形態や材質、大きさについては大砲、煙突、はしご、窓枠、装飾品、黒船の浦賀に至るまでの航程、九月以降黒船の江戸湾測量の様子、贈答品、中国の様子、アメリカから幕府に贈られた品物が焼き捨てられたときの様子などこの問屋が見聞した、きわめて多彩かつ細部にまで行き渡った異国船情報が記録されている。

アメリカからの献上品については誰もが興味をもち、刷物にもなっている。これらの刷物から書き写したと思われる蒸気機関車の模型の図がみられる。このような外国の技術は当時の日本人を驚かせた。

また、嘉永六（一八五三）年のペリー一行の饗応の様子を描いたものもある。鹿絵図《そえず》であるが、テーブルや皿や盃の位置、唐木綿《からもめん》のテーブルセンター、日本人と「夷人《いじん》」が座る場所などがえがかれている。またナイフ・フォーク・スプーンなども珍しかったのであろう、その形状・色まで記録している。ちなみに、伊豆国長浜大川（大上）家にも嘉永七（一八五四）年の西洋人の似顔絵が残されており、外国人の風貌に興味をいだいていることがわかる。

さらに、諸外国の動向に対する関心である。それは外国書翰や長崎からの情報の収集にみられるように、アメリカ・ロシア・イギリスが日本に対していかなる要求を出したのか、日本をめぐっていかなる動きをしつつあるのかという関心である。これらの外国書簡はいずれも漢訳されたものを書き写しており、特に『筆熊手―亜米利加《アメリカ》・魯西亜《ロシア》二国書簡』には多数記録されている。これらの外国書簡は一般には入手不可能なもので、学者や幕臣などとの交流の中で入手されたと思われる。

図18　北亜墨利加人物ペルリ像（横浜開港資料館所蔵）

以上にみたように、大久保家の外国に対する関心は強く、さまざまな情報を入手していた。大久保家は、情報を広く入手することによって、幅広い視野をもち、幕政を客観的に見る目を育てたのであろう。さらに極秘情報を入手するなど、内容の質をみても単なる興味本位による情報収集ではなく、異国船問題を自分たちに直接かかわる問題としてとらえていたことがうかがえる。これらの情報を関係者の間で回覧することによって、村落上層民の間で、外国に対する共通の意識が形成されたのであろう。

このような異国船情報の収集が大久保家のみではなく、村落上層民一般にみられたことも、ペリー来航時の大きな特徴であろう。たとえば、大久保家の情報集である『筆熊手――浦賀紀行・応接之話・角力《すもう》』の末尾に、異国人が上陸した時に本牧の八王子権現《ごんげん》の下の岩に記した落書きの記録がある。これは、色川三中《いろかわみなか》門人で大久保家の同郷人である野爪村神主大久保一学が異国船を見届けに江戸に行ったときに、菅右京とともに塙《はなわ》役所で書き写したものであるが、これと、ほぼ同じ内容のものが大久保一学の日記「みちの記」にも記録されている（『八千代町史』資料編2）。

また、ほぼ同じ内容の異国船情報が西伊豆の久料《くりよう》村の名主が集めた嘉永七年の異国船情報の中にも「アメリカ人ノ書」「寅正月廿四日　本牧之六尺四方之石へ書候かた也」と記されている。この事実は、異国船の情報が様々な形で広い範囲にひろまっていたことを物語っている。

外国語への関心

このような外国文化の中でも外国語や外国の文字に対する関心は、幕府のエリート学者でない在村の上層民の間にも存在していた。前項でみた、本牧の事例もそのうちの一つであるが、他にもいくつかの事例があげられる。

伊豆の内浦小海村の増田家には、ロシア語の単語の覚書を作成していたことを知ることができる史料がある（『沼津市史　資料編　近世』第三節洋学）。これには、フウチャンチン、ガラリンなどのロシア人の名前や、「一《アラス》　二《ズバイ》　三《テレ》　四《チテレ》　五《ゲヤイチ》　六《セイシ》　七《セイミ》　八《ボセイミ》　九《ゲベチ》　十《ゼセキ》」といった数字、また「米《ウイス》　麦《ライス》　女《レンチキナ》　男《ムシナ》　女玉門《ベラフカ》　愛《イジ》　寒《ホウロッカ》　子共《マリチシイカ》　男一件《ホウイウ》　き物《ハリチン》　きせる《ホロフカ》　鍋《チヨウ》　休《ホラシヤイ》　から傘《アンペラ》　女乳《チウカ》　老女《ババシカ》　船《ジヤナ》　鼻《ノウス》　口びろ《ゴベ》　歯《ズベ》　くつ《サハキイ》　寝《スウハチ》　火《アコウナ》　敬《ユミヤ》　わるゐ《ナイトウカ》　わからない《ミズナヤ》　ゐい《ヨカ、》　くだく《モロケン》　飯喰《ヲビヤラシ》　坊主《フラシカ》　敷物《コビロ》　桶《カフガ》　釜《コチヨウ》　皿《フレチカ》　鉋丁《ノフシカ》　手《テ》　目《ハザ》　槙《トロハ》　茶わん《チヤシカ》　やたて《チリリンヤ》　土瓶《チヤニカ》　魚《アレバ》　毛《ホロウイ》」などの単語が記されている。

この単語をみてもわかるように、身近な言葉が並んでいると思える。村人が実際に必要にかられて会話の中から書き留めた可能性は高い。

西伊豆とロシアとはかかわりが深い。嘉永七（一八五四）年に安政大地震の影響でロシア船ディアナ号が下田で大破し、戸田村《へだ》に回航途中現在の富士市沖で沈没し、その時にロシア人が上陸して、沼津から戸田村まで徒歩で移動したと伝えられており、その間、村人

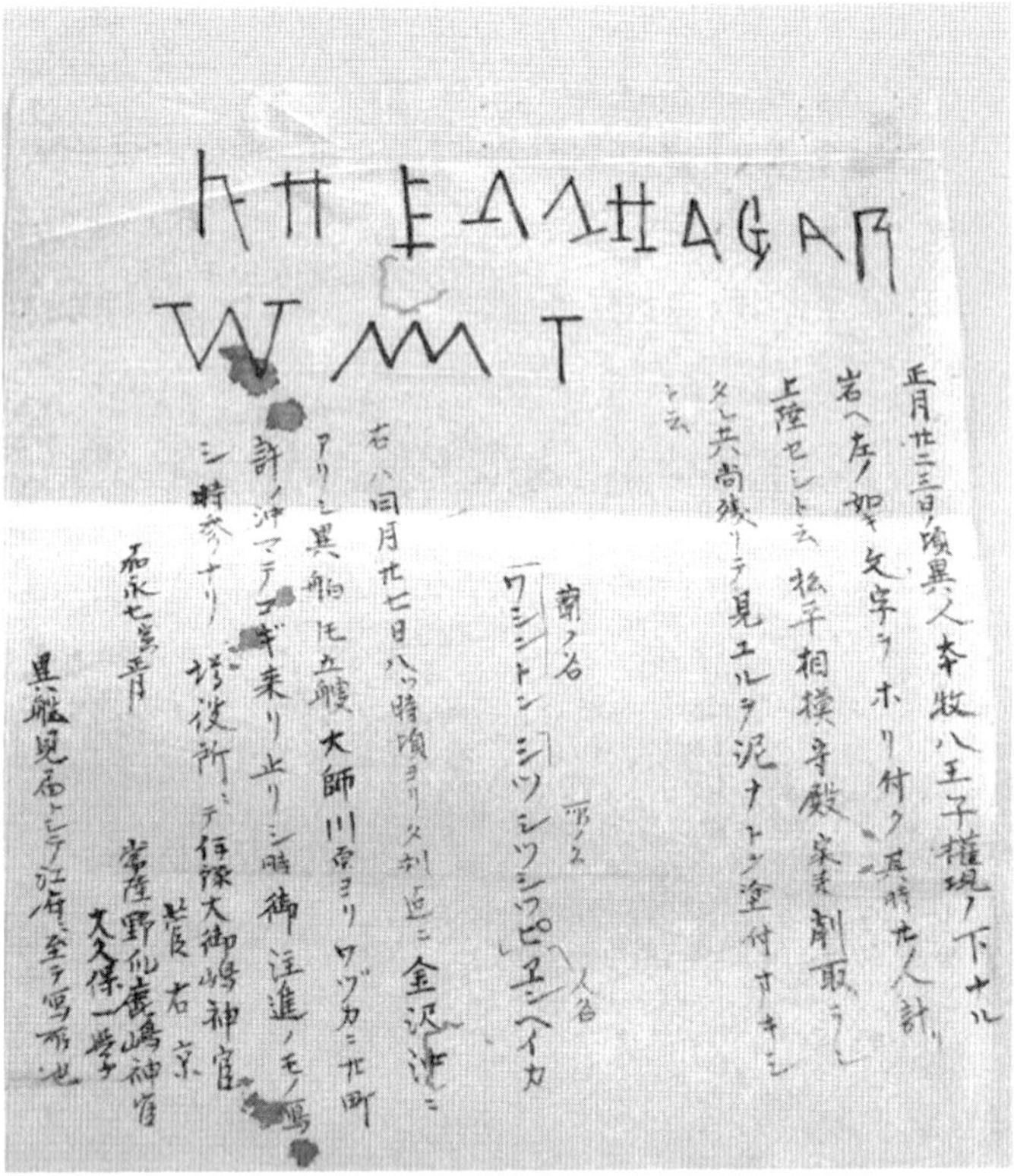

図19　菅右京・大久保一学からの黒船情報（大久保荘司氏所蔵，八千代町歴史民俗資料館保管）

とロシア人が交流した可能性は高いのである。

また、同じく伊豆の久料村久保田五郎右衛門が書き写した嘉永七年二月『異国人諸事控帳』という冊子が残されている。この冊子には、ペリーがアメリカ大統領の親書をもって来航したこと、「肥前長崎ヨリ万国海上里数」「亜墨利加拳詞和註」「同国俗通詞」、嘉永七年二月のペリー来航時の様子、御固の大名、饗宴の様子、楽団、献上品などについて記録されており、世界への目が開かれていることを知ることができる。

この中にみられる「同国俗通詞」は簡単な辞書のようなものである。数字は「一ヲ　イツヘイ、二ヲ　イ丶トユ、三ヲ　サンヘイ、四ヲ　シヘナン、五ヲ　コシイシ、六ヲ　ブンブク、七ヲ　チウブク、八ヲ　チウナン、九ヲ　チクレン、十ヲ　チャン、百ヲ　バク」とある。続いて「一目出度事ヲ　キンハ、一嬉し以事ヲ　サンチョロ、一悲し以事ヲ　メ丶イツ、一きんくヲ　ニギユルチン、一鉄炮ヲ　ロントウ、一軍ヲ　シヤユウ、一船ヲ　カット、一喧嘩ヲ　カウロマン、一莨《たばこ》ヲ　バン、一きせるヲ　バンツウ、一茶ヲ　ウツイ、一酒ヲ　タラアカ、一肴ヲ　アカツブ、一生酔ヲ　トロンコ、一水ヲ　ジャム、一米ヲ　テントロ、一着物ヲ　シンビ、一ふんどしヲ　フクウンビ、一きんたまヲ　フクリン、一どうらく者ヲ　トロンボ、一利口ヲ　スデイ、一馬鹿ヲ　バア、一禰る事ヲ　ヘイスル、

一てておやヲ　アチヤサン、一母親ヲ　カアトル、一亭主ヲ　クロドヤ、一女房ヲ　ニヨクン、一子供ヲ　チヤア、一よき男ヲ　エンヤロ、一色す類ヲ　ヘメエル」などとある。

このように、庶民は外国語に強い関心をいだいていたのである。同様の内容のものは当時の瓦版にも多くみられる。

蔵書の中の異国関係書籍

大久保家に限らず、多くの場合、村落上層民の家には蔵書が残されている。自ら著書をあらわすような学者ではない村方百姓の教養・思想を知るためには、かれらが関心にしたがって、あるいは必要に迫られて収集した書籍類が参考になる。

これらの蔵書は、さまざまな方法で入手されているが、本屋から直接購入したものもあれば、学者・知識人らの人間関係を通じて入手し、あるいは借用して筆写するなどして収集したものが多い。

ところで、借用・筆写・購入といった情報収集活動を通じて蓄積されていった蔵書の中には、どれくらい異国に関する書籍が含まれているのであろうか。その存在を明らかにすることによって、彼らの異国に対する関心の高さを知ることができる。

まず、下総《しもうさ》国結城《ゆうき》郡菅谷村大久保家の場合をみると、その蔵書の中で外国に対する関心

図20　大久保家の蔵書（大久保荘司氏所蔵，八千代町歴史民俗資料館保管）

がわかるものには、林子平《しへい》著『海国兵談《かいこくへいだん》』（寛政三年刊）、新井白石著『西洋紀聞《きぶん》』、『増補元明史略』、塙保己一《はなわほきいち》著『蛍蠅抄《けいようしょう》』（文化八年刊）、嶺田楓江《みねたふうこう》著『海外新話』（嘉永二年刊）などがみられる。『海国兵談』は、国防を目的にした兵書であり、『蛍蠅抄』も軍事や外交に関するものである。『西洋紀聞』は新井白石がローマ法王庁の使節であったシドッチからの聞き取りを元に作られたもので、ヨーロッパをはじめとする海外事情をわかりやすく書き記したものである。『海外新話』は、阿片《アヘン》戦争の概要を庶民向けに書き記したものである。また、大久保家の情報集の中に林子平著で、朝鮮・琉球・蝦夷地の三国と小笠原諸島の四地域の地理や風俗を国防の観点から解説した『三国通覧図説《さんごくつうらんずせつ》』（天明五年刊）の写しがみられる。

武州入間郡平山村の斎藤家には、中浜万次郎の漂流記である吉田正誉著『漂客奇談《ひょうきゃくきだん》』（嘉永五年刊）がみられる。これらは、入手の時期やその書籍にどのような感想をもったのかということについては不明であるが、これらの蔵書の存在は、両家が異国に対する関心を少なからずもっていたことをあらわしている。

下総国結城郡上山川村岩岡家の場合、現在残されている嘉永六（一八五三）年以降の日記から、書籍の収集の実態を知ることができる。それによると、幕末期に年間一〇種類前後、多い年には二八種類数十冊の書物を入手していたことがわかる。この量が当時の村落上層民の中で多いほうなのか、少ないほうなのかについては今後さらに検討する必要があるが、書籍の入手が日常的に行われていたことを、日記は伝えている（『結城市史』）。

入手書物の中から外国関係のものをみると、嘉永六年に入手した『蛍蠅抄』『海外新話』、慶応元（一八六五）年に入手した海外の地誌を記した翻訳書である『美理哥国《アメリカこく》総記和解』（嘉永七年刊）がある。これらの内『蛍蠅抄』『海外新話』は、大久保家も入手している。『蛍蠅抄』については「蒙古ノ賊船日本ヲ攻ル事ヨリ神仏ヲ祈リ本朝勝ヲ得事日本紀等其外諸書ヨリ抜書ナリ」という註書がある。また『海外新話』については「異国イギリス合戦等認シ面白キ珍書ナリ」とあり、ペリー来航を契機として外国に対する関心が高まってくることによって収集された書籍であるといえる。嘉永六年にはケンペル著『日本誌』も入手されており、これには「水戸卿ノ選　水戸中納言の意作ナリ　倭ノ事委なり」との注書がある。さらに文久二（一八六二）年には「日本絵図」を購入するなど、日本という国に対する意識も高まっていたことを予測させる。この絵図は「栃木ニテ求」めたとある。また、慶応元年四月入手した大橋訥庵《とつあん》著『闢邪小言《へきじゃしょうげん》』（嘉永五年序）には、「大橋順蔵ノ作ニテ西洋学ヲ誹謗シ其外ノ事共記シ面白キ事ナリ」との注釈があり、西洋に対する見方の影響をうけていると思われる。

また海防差配役を勤めた下総国山武郡宿村小倉家の場合をみると、小倉家に残された「宿村小倉伝兵衛一代記」の中に、「天保九戌年ヨリ書写書籍之目録」という記載があり、この時期に伝兵衛が筆写という形で収集した書籍を知ることができる。これによると、この中で異国に関する書籍は、林子平の『海国兵談』があり、また同じく林子平著『三国通覧図説』などがみられる。また天保十一（一八四〇）年には「以前ヨリ『世界極秘伝』ト名付候一書ハ、伝兵衛存生中諸書物之内秘伝有之分書抜候綴ニテ、コレハ極々秘伝書ニ有之間、相続人之外次男三男ニハ書写サス間敷」とあるように、『世界極秘伝』という伝兵衛がさまざまな書物の中から秘伝の部分を書き抜いて編纂した書物があったことがわかる。このように、小倉家も、他の上層民同様、異国に対する関心を早くからもち、情報を集め、広く学んでいたことを知ることができる。ただし、次男三男には書写しを禁ずる書物もあったところに江戸時代の情報伝播の特質を読みとることも必要であろう。

いずれにせよここであげた村落上層民は、書物からも異国について情報を吸収し、そこから異国に対する見方・考え方を学んだことはまちがいないと思われる。

大久保家の幕末政治・経済への関心

大久保家が、幕府や諸藩の軍備や、政治動向にまで積極的関心をいだくようになったのが、ペリー来航を契機としていることは間違いない。大久保家が収集した情報にも、黒船問題とのかかわりの中で、幕末政治・経済に関するものが多くふくまれている。

諸大名の軍備と政治・経済への関心

まず、ペリー来航、通商・開港の要求といった国の一大事に直面した幕藩領主の対応や動きについて強い関心が向けられている。たとえば、諸大名の海岸警備に関する申し渡し、海岸警備のための廻村の触れなど、諸大名の沿岸防備に関する触書《ふれがき》・書付《かきつけ》類や、浦賀奉行からの届書類、異国船発見の注進書、幕府と諸大名あるいは奉行所からの届類などの、上層部のやりとりが具体的にわかるような情報をつかんでいる。

また、松平越中守上書・榊原式部大輔《しきぶたゆう》上書などの諸大名の意見書など、各大名の対策・考え方にも注目している。

さらに、諸大名の警備の配置や応接の様子などについても関心を示している。たとえば、「亜米利加《アメリカ》書翰於栗浜受取之時本陣固之図《かためのず》」とある図は、嘉永六（一八五三）年ペリーが大統領の親書を渡した久里浜での警備の様子を描いたものである。蒸気船から船着場の距離や松平肥後守《ひごのかみ》率いる警備の船が一五〇艘、井伊掃部頭《かものかみ》御固《かた》め人数が二〇〇〇人、それらが二列になり前列は鉄砲組が配備されたこと、陣幕の位置などが記載されている。このような異国船来航にともなう諸大名の動き、沿岸警備に関する情報は、江戸や大坂などで、数種類のものが刷り物として出版されており、広く人々に知られていたと考えられる。大久保家のみならず、村に居住するものたちは、その人間関係を通じて、江戸や大坂の知人からの書状から、あるいは自ら刷り物を入手したり、書き写すなどをして、情報を得ていたのであろう。

「嘉永七寅年九月十八日魯西亜《ロシア》船大坂沖滞船ニ付諸侯方御警固之図　大坂板ニテ銅板ト覚」とある図は、大坂沖にロシア船が停泊したときの警護の状況を、大坂の刷り物から書き写したものである。また、大久保家のみならず、豆州久料村久保田五郎右衛門家にも嘉永七（一八五四）年正月「異国船渡来ニ付　御固メ大名御役人附写帳」、という史料が残されており、諸大名の警備が当時の村人、特に村落上層民の大きな関心の一つであったことはまちがいないのである。このような刷り物の存在は、庶民の興味関心の所在を示すとともに、幕府自身も、その動きを庶民にアピールしようとしていたことをも示している。

浦賀における応接の様子を描いた「浦賀屋形応接場」には、諸家・用人・取次・近《きん》習《じゅう》・中小性《ちゅうごしょう》や与力《よりき》・同心《どうしん》らの詰所の位置や、異国人や松崎ら応接掛の座る場所が描かれている。横浜村におけるペリー一行と幕府方との応接の様子などの細かい記載もみられ、ペリー一行の様子とともに、幕府がどのような応対をしているのかにも関心があったようである。このような情報収集を通じて、幕藩領主に対する評価をそれぞれが行っていたに違いない。

また、それと関連して、軍備・海防問題そのものに関心をもっていたことがわかる。たとえば、「水戸触書」は、嘉永七年黒船再来に向けて水戸藩主が家臣に対して触れたものであり、「関宿触書」は、農民にまで出陣を要求するものであった。また「諸家上書」の内、九鬼式部《しきぶ》少輔《しょうゆう》の建言《けんげん》書には、「夷船焼打且夷船の疵を打破候術」といった、異国船の

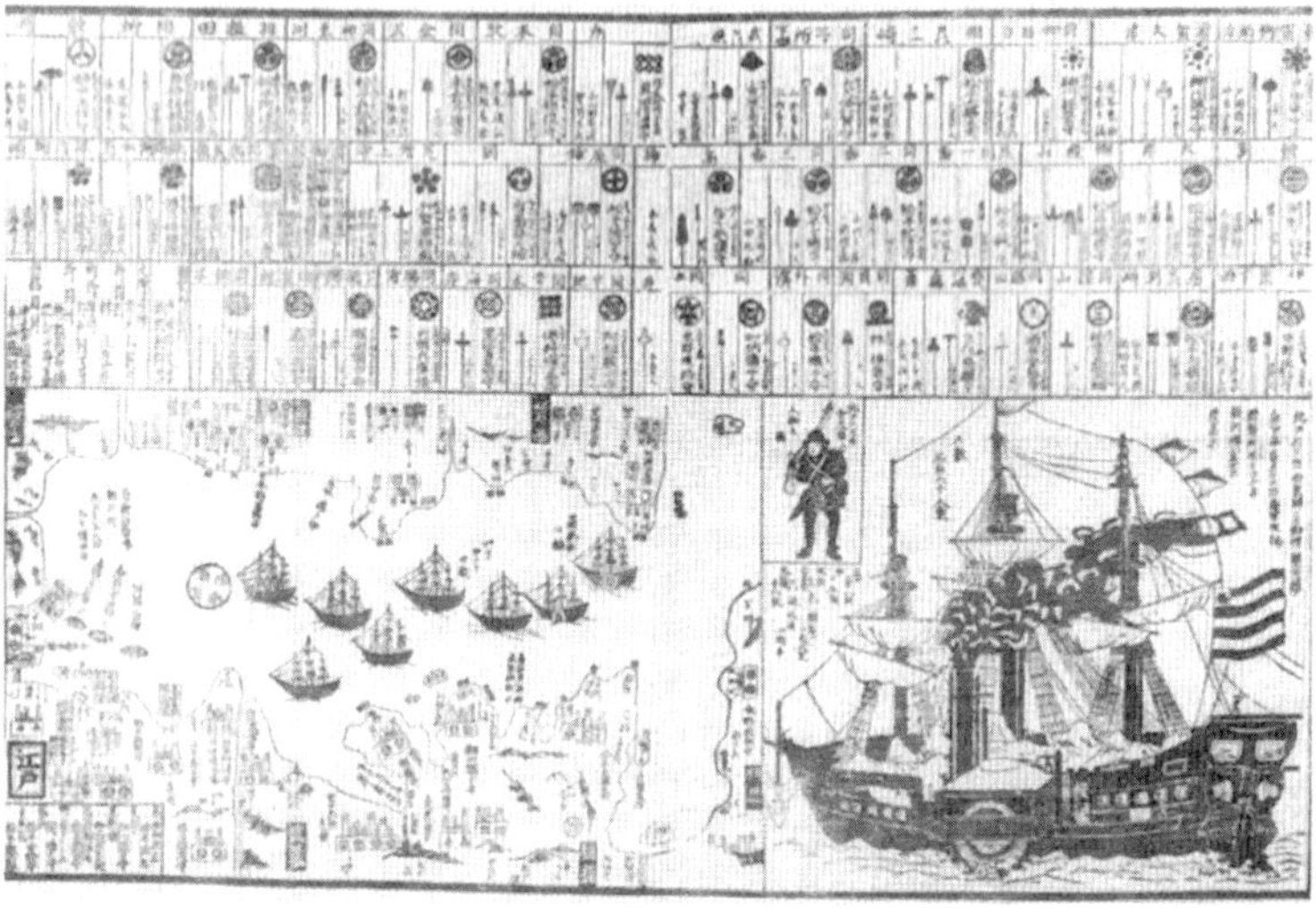

図21　米艦図並に江戸湾図付御固大名附（横浜開港資料館所蔵）

焼き討ちの方法が記されており、さらに岡本新八郎の建言書には、異国船の打ち払いに備えて、兵糧米などの軍需物資の確保や御用金の賦課についての進言がなされている。この両者は、いずれも関東の利根川をはじめとする河川流通の改作計画に関わっており、大久保家をはじめとする関東の豪農たちにとっても強い関心をもった問題であったことが想像できる。

このような外国との戦争に備える方法についての意見書は、武士階級にとどまらず、商人たちからも出されるようになる。中村屋源八献策は、異国船防禦の方法として、「入江入海を抱候場所」へ「水柵」を設けて「賊船防禦」しようとするもので、万一この方法が取り入れられたら、是非とも自分のところに御用を仰せ付けるよう願っている建言書であった。大久保家は、このような商人たちの動向、海防についての考え方にも注目していたことがわかる。

この時期、軍備や海防問題が身分や階級を越えて問題化しており、豪農や商人たちも、それぞれの利害もからみながら、自分自身の問題として捉えていたことがわかる。海防問題が経済問題と密接に関わっていることを、豪農商層はしっかりと認識していたのである。

大久保家には文久三（一八六三）年ごろに作成された幕末の海防政策や経済政策に関する意見書の下書が残されている。

大久保家の意見書

それによると、このごろの「外夷之模様」は容易ならざる時節にきている。すなわちいつ戦争が起こるかわからない。ついては、江戸浅草の御蔵の備えが必要であり、そのためには江戸川の川筋に江戸から半日から一日くらいで運送ができる距離のところに蔵を作り、奥羽《おうう》から関東の米をあらかじめ運び込んでおき、じょじょに江戸に流すのがよいであろう。というのも非常時に関東米のみを買い上げると、物価が高騰し、庶民が難渋《なんじゅう》するからである。またこの時節柄、江戸の商人たちがこの機会に乗じて店を閉鎖したり、仕切金《しきり》を出さないようなことが起こり、「田舎商人」たちが危険を回避するために品物を江戸に積み入れないようになり、ますます物価が高騰している。ついては、野田・行徳あたりに米蔵を造り、そこで穀物の商売ができれば江戸のためにもなると思われる。またこの時節にいたっては軍艦を製造しなければどうしようもなく、寺社や往還筋の材木や御林の材木を出せば何十艘もの大軍艦ができるはずであり、費用もかかるが、西洋から購入することはしてはいけない。職人もじょじょに慣れて、新しい工夫もでき、内海で訓練を積めば国産の軍艦が製造できるはずである、などとある。

このほか意見書の内容は荒地の開発や関東筋用水路普請、道路・船運の整備、御改革組合村批判など多岐にわたるが、ここにあげたものだけをみても、北総の一村名主が考えた意見書とは思えないほど、規模の大きな構想であることがわかるだろう。また、西洋文明そのままの輸入ではなく、自国の中で作り上げようとする意欲もみられる。当時の国内政治・経済・外交・軍事情勢を見据えた意見であるといってよいであろう。

この意見書は、大久保家だけの意見ではなく、親類関係をはじめとする北総地域の商人たちの意見や利害を代表していたといえる。大久保家の黒船情報収集ルートもこれらの人々を軸とするものであったのである。このような政治意識の形成と、情報収集とは無関係のことではないであろう。

異国船がもたらしたもの――エピローグ

日本人は古代以来積極的に異国文化を受容し、日本文化を形成してきた。日本人は異国を排除するのではなく、異国文化に寛容な民族であったということもできる。異国文化をうまく取り入れ、自国の血肉としていったのである。海を媒介とした自由な交流は、おそらくすぐれた国際感覚をもった日本人を多く育てていたに違いない。

鎖国下の異国

十七世紀の「鎖国《さこく》」によって日本人は海外への道を閉ざされ、一部の為政者《いせい》を除き多くの日本人が海外への興味や関心をもつことが許されなくなったと思われた近世初期において、日本海側の出雲の地にあって東アジアの情勢に関心をもち続ける佐草自清《さくさよりきよ》のような神主の存在は、鎖国制下においても海外に目を向けつづける人々の存在を裏付けている。

もちろん長い鎖国制下において、諸外国の情報が限られ、その情勢が少なくとも一般庶民にとって自分たちの生活と直結した問題としては捉えられなくなっていったのも確かであろう。しかし、実際には、四つの口を通じて諸外国の情報やものが入ってきていたのであり、さらに、近世を通じて異国船の漂着がみられ、特に大陸に面した日本海側では朝鮮の漁船や唐の商船の漂着が多く、一般の村人が異国人や異国の船を目にすることは稀ではなかったのである。

幕府は、沿岸警備や抜荷防止のために正徳期に全国に取り締まり令を発布した。享保三（一七一八）年には唐船の打ち払い令も出され、これに従って松江藩では実際に享保三年に打ち払いが実行されたのである。

それでも、それによって庶民が強い危機意識をもつことはなかったのは、その多くが唐船をはじめとする長崎を通じて交流がある国々の船であったからであり、そうでなくとも一定のルールに基づいて対応できたからである。また、沿岸部の村々は異国船発見情報の通達を義務づけられはするものの、基本的には幕府や藩の役人が鎖国制下の慣例に従ってすべて対応していたからである。

それが、危機意識に変わっていくのは、寛政期以降のロシアやヨーロッパの船の日本近海への出現にともなう、幕府の海防政策の強化の過程においてである。はやくから唐船警備を行っていた松江藩でも、広く内陸部の村々までも含んだ本格的唐船警備体制が敷かれたのは寛政期以降のことである。また、このころ江戸湾の海防体制は皆無の状態であったが、房総半島の漁民はすでに蝦夷《えぞ》地警備に巻き込まれており、化政期になると御備場大名の配置や、異国船打ち払い令とともに、関東の村々も異国船警備体制に組み込まれていく。

危機意識の形成

こうしてみると、沿岸村々はもとより内陸部の村々まで、異国船警備になんらかの形でまきこまれていく。さらに唐船というアジアの商船の抜荷対策から、通商をせまってやってくる欧米の船への対策という転換の中で、幕末維新期の異国に対する危機意識が芽生えたようにみえる。

またそこには、幕府内部の一部の上層部による海外情報の独占と情報操作も存在している。こういった鎖国制下における情報不足、情報の片寄りの中で、一般民衆の開かれた感覚を狭隘化する負の作用が働き危機意識を強めたとも考えられる。

しかしその一方で、村人は一方的に上から与えられた情報に満足していたわけではない。

また幕府・諸藩の海防政策でも一方的に命令に従って動員されていたわけでもない。形の上では幕府や藩の命令の下に行動するようにみえながら、実は地域における海防体制を組んで主導していたのはとくに近世中期以降地域の政治・経済・文化ネットワークの形成者として成長しつつあった村の上層民（豪農）であった。

彼らはまた、異国船問題発生の中で、異国に対する関心を強め、林子平《しへい》や工藤平助らの著作や海外に関する書籍や情報を独自に入手し外国や世界情勢について学ぶ姿勢をもっていた。上から与えられた情報だけでなく、自分たちの側から国際感覚を身に着けようとしていたのである。

幕府や藩はこういった層に役職をあたえつつ支配体制に組み込みながら地域情報の収集や沿岸警備などの海防政策を実現しようとした。もはや異国船発見情報の伝達にしても、軍需物資の手配にしても、村人とくに地域において成長しつつある村落上層民（豪農商層）の協力なしには、海防は実現できなかったのである。

黒船と対外意識

巨大な黒船四艘を率いて開国を迫ったペリーの来航によって、危機意識は眼に見える形で現実のものとなった。ペリー来航情報は江戸湾近海からあっという間に全国的に広まった。それまで早くから海防体制を敷いていた日本海や九州・蝦夷地よりも、江戸湾を中心とする太平洋側が異国船情報発信の中心基地となったのである。

また海防警備体制が強化されるなか、沿岸部からさらに内陸部へと情報は危機意識とともに浸透した。大久保家にみられるようにそれまで直接海防問題に関わりをもたなかった北関東の内陸部の豪農商層までも危機意識を強め、これを契機に黒船情報の収集に奔走した。そしてその行為を通じて、外国や海防政策に対して自分自身の考えが形成され、幕府・諸藩の政策や行動に対する批判的な見方や、政治意識・対外意識の芽生えがあったと考えられる。大久保真菅《ますげ》はペリー来航を契機として領主に従軍願いを出し、その願いが聞き入れられないと自ら水戸へ西洋流の砲術修行に出たり、天狗《てんぐ》党に参加するなど実にラジカルな反応を示したのである。

ただし、彼らの異国船情報収集は、必ずしも異国に対する危機意識のみに基づくものではない。もはや西洋の文物を取り入れなければ世界に太刀打ちできないという認識がそこには生まれていた。純粋に異国文化に関心をもったのである。幕末の地域社会の中に、そのような海外に開けた目をもった人材がすでに育成されていたことに注目すべきであろう。彼らの中には明らかに幕府や諸藩を越えた「国家」に対する意識や対外意識が、限定された条件の下ではあったが、村や地域社会との関わりの中で形成されていたと考えられるのである。

しかし、鎖国制下においてはいうにおよばず、開港以降においてさえも、海外に出かけてゆけるのは一部のエリートのみであり、一般の村人が求める海外情報はどんなに集めたとしても決定的に不足していた。

それが一方で西洋文化を求めながらも他方では外国を脅威に感ずるという状況を生み出したのである。そしてこの二重のせめぎあいの中で、外国文化に強い関心をもったそれらの芽が順調に伸びていったとはいえないところに、「島国根性」といわれるような狭い国際感覚が形成されてしまった近代以降の日本がかかえる問題があるのであろう。

異国認識の地域性

最後にもう一つ指摘しておきたいことは、異国認識の地域性・時代性の問題である。

たとえば、唯一の貿易港として認められた出島のある長崎はもとより、松江藩など日本海側の比較的早い段階から、主としてアジア系の商船の抜荷《ぬけに》対策として唐船《とうせん》警備体制が敷かれていた地域の村人と、寛政期以降ロシアの南下にともない急速に警備がすすめられた蝦夷地や東北諸藩、イギリスを始めとする欧米列強の船の出没にともない文化文政期に入ってようやく本格的な警備体制が敷かれ、かつペリーが開国を迫って軍艦を率いてやってきた江戸湾周辺の村人とでは、異国に対する意識形成の過程に違いがあるのではないかという問題である。

さらに、直接異国人と接する可能性が高く、早くから海防体制の中に組み込まれた沿岸の村々と、直接には異国人と接する可能性の少ない内陸部の村々との異国に対する意識にも違いがみられた。沿岸の村々は、自分たちの生活に直接かかわる問題として、はやくから危機意識を募らせていた。しかし、内陸部の特に関東の村人が積極的に異国船問題にかかわりを持ち出すのはやはりペリー来航以降のことである。

このように、鎖国制下においてすら地域や時期によって異なった対応がみられるのであり、日本人一般、異国船問題一般としてとらえるのではなく、地域性・時代性の中で、異国船問題や日本人の異国意識の形成をとらえなおしてみる必要があろう。

また、日本人の対外意識が対アジアから対欧米に変化する中で、アジアに対する意識と欧米に対する意識の違いがどのように形成されたのかという点についても明らかにされなければならないであろう。

あとがき

私の情報への関心は「豪農」研究を出発点にしているる。研究史が明らかにしているように、「豪農」の登場は、新しい地域社会の形成と軌を一にしている。村落上層民であり多くの場合村役人格の家であった彼らが、政治・経済・文化の諸情報を村内の誰よりも早く多く入手でき、幕藩権力に取り込まれつつもその枠にはおさまりきらない形で、新たな経済的社会的活動を始め、地域社会の形成や地域アイデンティティーの形成に大きな役割を果たしたことは、日本の近代への道のりや日本の近代の性格を考える上で重要な意味をもっている。

そんな彼らが、異国船問題に直面したとき、どのような反応を示し、行動をとったのか。それぞれ異なった地域や環境の中で、その反応や行動に違いはあるのか。そしてそれは幕末期の村落上層民のどのような性格、あるいは日本の近世社会のどのような特色にもとづくものであるのか。このあたりが、もっとも気になった点であり、私がここ十数年の間、地域に生きる人々の観点から具体的に明らかにしてきた点でもある。

そして幕末のこの時期を位置づけ、自分自身の問題意識をはっきりさせるために、一見直接には「豪農」とは無関係にみえる古代からの日本と異国との関係について概観し、日本人と異国文化とのかかわりという視点から大きく時期区分をしてみたのが、プロローグの部分である。

最後に、本書の執筆にあたり、参照した文献・論文は多数あったが、本文中に主要なものを注記するにとどまり、一つ一つあげることができなかったことをお詫びしたい。

二〇〇五年三月

岩田みゆき

著者紹介

一九五八年、島根県に生まれる

一九八五年、お茶の水女子大学大学院修士課程修了

現在、青山学院大学文学部助教授・博士（人文科学）

主要著書

幕末の情報と社会変革

歴史文化ライブラリー
191

黒船がやってきた
幕末の情報ネットワーク

二〇〇五年（平成十七）六月一日 第一刷発行

著 者 岩《いわ》田《た》みゆき
発行者 林 英男
発行所 株式会社 吉川弘文館
東京都文京区本郷七丁目二番八号
郵便番号一一三—〇〇三三
電話〇三—三八一三—九一五一〈代表〉
振替口座〇〇一〇〇—五—二四四
http://www.yoshikawa-k.co.jp/
印刷＝株式会社 平文社
製本＝ナショナル製本協同組合
装幀＝山崎 登

歴史文化ライブラリー

1996.10

刊行のことば

現今の日本および国際社会は、さまざまな面で大変動の時代を迎えておりますが、近づきつつある二十一世紀は人類史の到達点として、物質的な繁栄のみならず文化や自然・社会環境を謳歌できる平和な社会でなければなりません。しかしながら高度成長・技術革新にともなう急激な変貌は「自己本位な刹那主義」の風潮を生みだし、先人が築いてきた歴史や文化に学ぶ余裕もなく、いまだ明るい人類の将来が展望できていないようにも見えます。このような状況を踏まえ、よりよい二十一世紀社会を築くために、人類誕生から現在に至る「人類の遺産・教訓」としてのあらゆる分野の歴史と文化を「歴史文化ライブラリー」として刊行することといたしました。

小社は、安政四年（一八五七）の創業以来、一貫して歴史学を中心とした専門出版社として書籍を刊行しつづけてまいりました。その経験を生かし、学問成果にもとづいた本叢書を刊行し社会的要請に応えて行きたいと考えております。

現代は、マスメディアが発達した高度情報化社会といわれますが、私どもはあくまでも活字を主体とした出版こそ、ものの本質を考える基礎と信じ、本叢書をとおして社会に訴えてまいりたいと思います。これから生まれでる一冊一冊が、それぞれの読者を知的冒険の旅へと誘い、希望に満ちた人類の未来を構築する糧となれば幸いです。

吉川弘文館

〈オンデマンド版〉
黒船がやってきた
幕末の情報ネットワーク

歴史文化ライブラリー
191

2018年（平成30）10月1日　発行

著　者　岩田《いわた》みゆき
発行者　吉　川　道　郎
発行所　株式会社　吉川弘文館
〒113-0033　東京都文京区本郷7丁目2番8号
TEL　03-3813-9151〈代表〉
URL　http://www.yoshikawa-k.co.jp/

印刷・製本　大日本印刷株式会社
装　幀　清水良洋・宮崎萌美

岩田みゆき（1958～）

ISBN978-4-642-75591-7